D1362735

Espagnol
en poche

Alfredo
GONZÁLEZ HERMOSO

HACHETTE
Éducation

Conception graphique

Couverture : Olivier CALDERON

Intérieur : Audrey IZERN

Composition et mise en page : MÉDIAMAX

© HACHETTE LIVRE 2007, 43, quai de Grenelle, 75905 PARIS Cedex 15.
ISBN 978-2-01-169694-6

SOMMAIRE

SOMMAIRE

Conçu sur un modèle qui a déjà fait ses preuves, le *Mini Bled Espagnol* offre un outil d'apprentissage à tous ceux qui, chaque jour plus nombreux, apprennent l'espagnol et veulent consolider leurs connaissances.

■ 58 fiches traitent l'ensemble des questions grammaticales : le groupe nominal (fiches 1-19), le groupe verbal (fiches 20-40), la phrase simple (fiches 41-47), la phrase complexe (fiches 48-53), la prononciation (fiches 54-58).
Les règles de grammaire y sont clairement présentées en double page et illustrées de nombreux exemples tirés de la vie quotidienne, tous traduits.

■ Les tableaux de la conjugaison espagnole sont regroupés en fin d'ouvrage (pages 137 à 180) : les trois modèles de verbes réguliers et les quarante modèles de verbes irréguliers. Chaque tableau met en relief les particularités de la conjugaison du verbe.

■ La liste des 400 principaux verbes irréguliers (pages 181 à 186) donne, pour chacun d'eux, sa traduction et le renvoi au verbe modèle correspondant.

■ L'index des mots-clés complète l'ouvrage et permet d'accéder très rapidement à l'information recherchée.

Le *Mini Bled Espagnol* est ainsi un ouvrage complet et efficace pour répondre aux besoins de tous ceux qui apprennent et pratiquent l'espagnol.

Alfredo GONZÁLEZ HERMOSO

I. LE GROUPE NOMINAL

Formes et emplois

	Masculin	Féminin	Neutre (voir Fiche 2)
Singulier	*el*, le	*la*, la	*lo*
Pluriel	*los*, les	*las*, les	

• L'article est placé avant le nom avec lequel il s'accorde en genre et en nombre.

el alumno / la alumna, l'élève
los alumnos / las alumnas, les élèves

• **Contractions avec les prépositions *a* et *de***

a + *el* = *al*   *Voy al cine.* Je vais au cinéma.
de + *el* = *del*   *Vengo del cine.* Je viens du cinéma.

ATTENTION

On emploie *el* au lieu de *la* devant un nom féminin singulier commençant par ***a-*** ou ***ha-*** si cette syllabe porte l'accent tonique (voir Fiche 4).

el agua, l'eau ; *el hacha,* la hache
Mais on dira : *la abeja,* l'abeille.

Emplois particuliers de l'article défini

• Pour exprimer l'heure, on emploie l'article *la* ou *las* directement devant un numéral (les mots *hora, horas* étant sous-entendus).

Es la una. Il est une heure.   *Son las dos.* Il est deux heures.
A las ocho. À huit heures.

• On emploie l'article singulier *el* devant un jour déterminé de la semaine.

Iré a verle el sábado. J'irai le voir samedi.

• On emploie l'article pluriel *los* :
– pour marquer la périodicité ;
Iremos al cine los lunes. Nous irons au cinéma le lundi.
– pour exprimer l'âge auquel une personne accomplit une action.
Se casó a los treinta. Il se maria à trente ans.

• On emploie l'article défini devant **señor**, **señora**, **señorita**, sauf quand on s'adresse directement à la personne.
El señor Ramírez no ha venido a trabajar.
Monsieur Ramírez n'est pas venu travailler.
¡Buenos días, señora Sánchez! Bonjour, madame Sánchez !

Omission de l'article défini

On supprime l'article défini :

• devant les noms de pays ou de provinces s'ils ne sont pas déterminés par un adjectif ou un complément.
Francia, España. La France, l'Espagne.
Mais on dit : *La España moderna.* L'Espagne moderne.
Exceptions : *El Ecuador, el Brasil, el Perú, el Japón, el Paraguay, el Uruguay, el Salvador, la China,* etc., qui portent l'article.

• devant le mot *casa* (maison) quand celui-ci signifie « chez ».
Voy a casa de mi tía. Je vais chez ma tante.

• devant quelques noms, comme *clase* (classe), *misa* (messe), *caza* (chasse), *pesca* (pêche), s'ils ne sont pas déterminés.
Van de pesca. Ils vont à la pêche.

• devant le superlatif placé après le nom.
Es el chico más guapo del pueblo. C'est le plus beau garçon du village.

Emplois de l'article neutre

• L'article neutre *lo* permet de former, avec des adjectifs, des participes passés ou des adverbes, des noms de sens général et abstrait.

Lo inesperado. Ce qui est inattendu.
Lo romántico. Ce qui est romantique.

• *Lo* + adjectif + *que* confère à l'adjectif un plus fort degré d'intensité.

¡Lo bonito que es este vestido! Comme cette robe est jolie !

• **Constructions particulières**
– *Lo que* : ce que
No creo lo que dices. Je ne crois pas **ce que** tu dis.

– *Lo de* : en ce qui concerne, l'affaire de
Hablaremos más tarde de lo de tu hermano.
Nous parlerons plus tard de **l'affaire de** ton frère.

ATTENTION

Ne pas confondre :

lo contrario, le contraire	avec	*el contrario*, l'adversaire
lo bueno, ce qui est bon	avec	*el bueno*, l'homme bon
lo justo, ce qui est juste	avec	*el justo*, l'homme juste
etc.		

Formes de l'article indéfini

	Singulier	**Pluriel**
Masculin	*un,* un	*unos,* des
Féminin	*una,* une	*unas,* des

un papel → *unos papeles*
una chica → *unas chicas*

Emplois de l'article indéfini

Le pluriel *unos, unas* est peu employé.

un garçon → *un chico*   des garçons → *chicos*

REMARQUE

Le pluriel *unos, unas* a le plus souvent le sens de « quelques ».

*Tengo **unos** libros de ese autor.* J'ai **quelques** livres de cet auteur.

Omission de l'article indéfini

On supprime l'article indéfini devant les mots : *otro* (autre), *medio* (demi), *igual* (égal), *doble* (double), *cualquiera* (quelconque), *tan* (aussi), *tal* (tel) et le plus souvent devant *cierto* (certain).

un autre jour, *otro día*
une demi-heure après, *media hora después*

ATTENTION

Les formes partitives françaises « du, de la » ne se traduisent pas.

Je veux du pain. Quiero pan.
J'achète de la viande. Compro carne.

13

Les noms masculins

Les noms masculins se terminent en général :
– par **-o** : *el libro,* le livre
sauf : *la mano,* la main
– par **-or** : *el color,* la couleur ; *el calor,* la chaleur ; *el terror,* la terreur
sauf : *la flor,* la fleur ; *la coliflor,* le chou-fleur ; *la labor,* le travail
– par **-e, -i, -u, -y** : *el coche,* la voiture ; *el jabalí,* le sanglier ; *el espíritu,* l'esprit ; *el convoy,* le convoi
Mais on dit : *la sangre,* le sang ; *la carne,* la chair ; *la noche,* la nuit, etc.

Les noms féminins

Les noms féminins se terminent en général :
– par **-a** : *la casa,* la maison
sauf : *el día,* le jour ; *el mapa,* la carte
– par **-tad, -dad** et **-tud** : *la libertad,* la liberté ; *la bondad,* la bonté ; *la juventud,* la jeunesse
– par **-ción, -sión** et **-zón** : *la nación,* la nation ; *la profesión,* la profession ; *la razón,* la raison

ATTENTION

Les mots d'origine grecque se terminent par **-a** mais restent masculins : *el problema,* le problème ; *el teorema,* le théorème ; *el planeta,* la planète, etc.

La formation du féminin : modification de la terminaison

Noms terminés par	Transformation	Exemples
-o	*o* devient *a*	*el gato*, le chat *la gata*, la chatte
-e	*e* devient *a*	*el presidente*, le président *la presidenta*, la présidente
une consonne	ajouter un *a*	*el director*, le directeur *la directora*, la directrice

ATTENTION

Certains noms changent lorsqu'ils passent du masculin au féminin. Il faut consulter un dictionnaire.

el caballo, le cheval → *la yegua,* la jument
el emperador, l'empereur → *la emperatriz,* l'impératrice
el gallo, le coq → *la gallina,* la poule
el hombre, l'homme → *la mujer,* la femme
el macho, le mâle → *la hembra,* la femelle
el padre, le père → *la madre,* la mère
el papá, le papa → *la mamá,* la maman
el príncipe, le prince → *la princesa,* la princesse
el rey, le roi → *la reina,* la reine
el toro, le taureau → *la vaca,* la vache
el yerno, le gendre → *la nuera,* la bru

Noms qui varient en genre

• Certains noms peuvent être masculins ou féminins suivant l'article qui les précède.

el intérprete / la intérprete, l'interprète
el idiota / la idiota, l'idiot / l'idiote
el modelo / la modelo, le mannequin

• Les mots se terminant en **-ista** peuvent être masculins ou féminins.

el artista / la artista, l'artiste
el dentista / la dentista, le / la dentiste
el socialista / la socialista, le / la socialiste
el publicista / la publicista, le / la publiciste

Noms féminins commençant par *a-* ou *ha-*

Lorsque le mot commence par *a-* ou *ha-* accentué, certains noms féminins s'emploient au singulier avec l'article défini **el**.

el agua, l'eau
el águila, l'aigle
el hacha, la hache
el alma, l'âme
el aula, la salle de classe
el hada, la fée

ATTENTION

Mais on dira au pluriel : *las aguas, las águilas, las hachas, las almas, las aulas, las hadas,* etc.

Certains noms changent de sens selon le genre

el capital, le capital → *la capital,* la capitale
el cólera, le choléra → *la cólera,* la colère
el cometa, la comète → *la cometa,* le cerf-volant
el corte, la coupe → *la corte,* la cour (royale)
el cura, le curé → *la cura,* la guérison
el espada, le matador → *la espada,* l'épée
el frente, le front (guerre) → *la frente,* le front (visage)
el guía, le guide → *la guía,* le guide (livre)
el orden, l'ordre, le rangement → *la orden,* l'ordre,
                                    le commandement
el pendiente, la boucle d'oreille → *la pendiente,* la pente
el policía, l'agent de police → *la policía,* la police
el vocal, le membre d'un conseil → *la vocal,* la voyelle

Formation du pluriel

Noms singuliers terminés par	Terminaisons au pluriel	Exemples
Voyelle sauf *í* ou *y*	**-s**	*la casa*, la maison → *las casas*, les maisons *el papá*, le papa → *los papás*, les papas
Consonne (sauf *s*), *í* ou *y*	**-es**	*el papel*, le papier → *los papeles*, les papiers *el jabalí*, le sanglier → *los jabalíes*, les sangliers *la ley*, la loi → *las leyes*, les lois
s dernière syllabe accentuée	**-es**	*el gas*, le gaz → *los gases*, les gaz *el interés*, l'intérêt → *los intereses*, les intérêts
s dernière syllabe non accentuée	invariable	*el lunes*, le lundi → *los lunes*, les lundis *la crisis*, la crise → *las crisis*, les crises
z	**-ces**	*el pez*, le poisson → *los peces*, les poissons

REMARQUES

1 Certains noms voient la place de leur accent modifiée en changeant de nombre.

el régimen, le régime → *los regímenes*
el carácter, le caractère → *los caracteres*
el espécimen, le spécimen → *los especímenes*

2 Si le nom composé s'écrit en un seul mot, on doit appliquer la règle générale de la formation du pluriel.

el girasol, le tournesol → *los girasoles,* les tournesols
el parabrisas, le pare-brise → *los parabrisas,* les pare-brise

Usage de certains noms au pluriel

• Certains noms s'utilisent généralement au pluriel.
las tijeras, les ciseaux
las gafas, les lunettes

• Certains noms au singulier ont un sens pluriel.
la gente, les gens

• Dans les cas de parenté, le masculin pluriel englobe les deux genres à la fois.
los padres, les parents → *la madre y el padre,* la mère et le père
los tíos, les oncles et tantes → *el tío y la tía,* l'oncle et la tante

• Certains noms prennent un autre sens en changeant de nombre.
la esposa, l'épouse → *las esposas,* les épouses (mais aussi les menottes)

L'adjectif se place normalement après le nom et s'accorde en genre et en nombre avec celui-ci.

una ciudad bonita, une jolie ville

Lorsque l'adjectif est placé devant le nom, sa valeur s'en trouve renforcée.

un fuerte abrazo, une chaleureuse embrassade

Formation du féminin

Adjectif masculin terminé par	Formation du féminin	Exemples
-o	**-o** devient **-a**	*bueno,* bon → *buena,* bonne
-án, -ín, -ón, -or	ajouter **-a**	*holgazán,* paresseux → *holgazana,* paresseuse *trabajador,* travailleur → *trabajadora,* travailleuse
-ete, -ote	**-e** devient **-a**	*regordete,* grassouillet → *regordeta,* grassouillette
autres terminaisons	pas de changement	*interesante,* intéressant → *interesante,* intéressante

REMARQUES

1 Les comparatifs *mayor* (plus grand), *menor* (plus petit), *mejor* (meilleur), *peor* (pire) et les mots adjectifs terminés par *-ior* comme *inferior* (inférieur), *interior* (intérieur), etc., ne changent pas au féminin.

2 Quelques adjectifs : *bueno, malo,* etc., perdent le *-o* final
quand ils sont placés devant un nom masculin singulier
(voir l'apocope Fiche 8).

*un **buen** chico, un chico **bueno**,* un bon garçon

Formation du pluriel

Adjectifs terminés par	Modification	Exemples
voyelle non accentuée	ajouter *-s*	*egoísta,* égoïste → *egoístas,* égoïstes
voyelle accentuée ou consonne	ajouter *-es*	*trabajador,* travailleur → *trabajadores,* travailleurs *iraní,* iranien → *iraníes,* iraniens
-z	*-z* devient *-ces*	*feliz,* heureux → *felices,* heureux

LES COMPARATIFS
ET LES SUPERLATIFS

Formation des comparatifs

Comparatif	Forme	Exemples
de supériorité	**más... que** plus... que	*Es **más** inteligente **que** tú.* Il est **plus** intelligent **que** toi.
d'infériorité	**menos... que** moins... que	*Es **menos** inteligente **que** tú.* Il est **moins** intelligent **que** toi.
d'égalité	**tan... como** aussi... que	*Es **tan** inteligente **como** tú.* Il est **aussi** intelligent **que** toi.

Formation du superlatif

• **Superlatif absolu**

muy + adjectif	*Es una chica **muy** atenta.* C'est une fille très attentive / attentionnée.
adjectif + suffixe **-ísimo**	*Es una chica **atentísima**.* C'est une fille très attentive / attentionnée.

Le premier procédé est plus courant. Le suffixe en *-ísimo* exprime davantage de force.

• **Superlatif relatif**

article + adjectif comparatif	*Es **el más** inteligente de la clase.* C'est le plus intelligent de la classe.

ATTENTION

1 Lorsque le superlatif est placé après un nom, il s'emploie sans article.

*Es el alumno **más** inteligente de la clase.*
C'est l'élève **le plus** intelligent de la classe.

2 Le verbe qui suit le superlatif se met à l'indicatif.

*Es el alumno **más** inteligente que conozco.*
C'est l'élève **le plus** intelligent que je connaisse.

Comparatifs et superlatifs particuliers

Adjectif	Comparatif	Superlatif
bueno, bon	***mejor,*** meilleur	***óptimo,*** excellent
malo, mauvais	***peor,*** pire	***pésimo,*** très mauvais
pequeño, petit	***menor,*** plus petit	***mínimo,*** très petit
grande, grand	***mayor,*** plus grand	***máximo,*** très grand

*He tenido una idea **mejor**.* J'ai eu une **meilleure** idée.
*Esta canción es **pésima**.* C'est une **très mauvaise** chanson.
*Es **menor** que tú.* Il est **plus petit** (ou plus jeune) que toi.
*Ha obtenido la **máxima** punctuación.* Il a eu la **meilleure** note.

L'apocope

L'apocope est la suppression d'une ou plusieurs lettres à la fin d'un mot. En espagnol, ce phénomène se produit avec des adjectifs placés devant un nom.

Adjectifs	Apocope	Exemples
Devant un nom masculin singulier		
bueno	**buen**	*Es un **buen** chico.*
		C'est un **bon** garçon.
malo	**mal**	*Es un **mal** momento.*
		C'est un **mauvais** moment.
primero	**primer**	*Fue el **primer** alumno de la clase.*
		Il a été le **premier** élève de la classe.
tercero	**tercer**	*Sacó el **tercer** puesto.*
		Il a obtenu la **troisième** place.
uno	**un**	*Es **un** sitio muy bueno.*
		C'est **un** très bon endroit.
alguno	**algún**	***Algún** día lo sabré.*
		Un beau jour je le saurai.
ninguno	**ningún**	***Ningún** chico lleva eso.*
		Aucun garçon ne porte cela.

Adjectifs	Apocope	Exemples
Devant un nom masculin ou féminin		
cualquiera	**cualquier**	*Cualquier persona puede hacerlo.* **N'importe qui** peut le faire.
grande	**gran**	*Es un **gran** día.* C'est un **grand** jour.
Devant un nom masculin ou féminin Devant les chiffres *mil* et *millón*		
ciento	**cien**	*Han llegado **cien** personas.* **Cent** personnes sont arrivées. ***Cien** mil habitantes.* **Cent** mille habitants.
Devant un nom de saint masculin, sauf *Domingo, Tomás, Tomé, Toribio*		
santo	**san**	*El día de **San** José es fiesta en Valencia.* Le jour de la **Saint**-Joseph, c'est la fête à Valence.

LES ADJECTIFS DÉMONSTRATIFS

Les adjectifs démonstratifs s'accordent en genre et en nombre avec le nom qu'ils déterminent et sont généralement placés devant ce nom.

Esta señora es de Valladolid. **Cette** dame est de Valladolid.

Formes

Situation dans l'espace		Adjectifs démonstratifs			
Adverbes	Distance	Masculin		Féminin	
aquí ici	proche du locuteur	*este*	ce, cet	*esta*	cette
		estos	ces	*estas*	ces
ahí là	à peu de distance du locuteur	*ese*	ce, cet	*esa*	cette
		esos	ces	*esas*	ces
allí, allá là-bas	loin du locuteur	*aquel*	ce, cet	*aquella*	cette
		aquellos	ces	*aquellas*	ces

Emplois

• Les démonstratifs établissent une relation d'éloignement ou de proximité dans l'espace par rapport à celui qui parle.
– *Este*, *esta*, etc. désignent une personne ou une chose qui est proche de celui qui parle.
– *Ese*, *esa*, etc. désignent une personne ou une chose qui est plus éloignée de celui qui parle.
– *Aquel*, *aquella*, etc. indiquent un éloignement plus important par rapport à celui qui parle.
*Este chico se llama Pedro, **ese** niño se llama Juan y **aquella** chica es Irene.*
Ce garçon(-ci) s'appelle Pedro, cet enfant(-là) s'appelle Juan et cette fille (là-bas) c'est Irène.

• Ils établissent aussi une relation d'éloignement ou de proximité dans le temps.
– *Este* indique un temps proche et actuel.
Esta tarde va a llover.
Cet après-midi, il va pleuvoir.
– *Ese* marque un temps plus éloigné.
Ese día no estaba allí.
Ce jour-là, je n'étais pas là.
– *Aquel* désigne une époque lointaine.
*En **aquel** tiempo las cosas eran diferentes.*
En ce temps-là, les choses étaient différentes.

Formes

Situation dans l'espace	Pronoms démonstratifs					
Adverbes	Masculin		Féminin		Neutre	
Proche du locuteur						
aquí ici	*éste*	celui-ci	*ésta*	celle-ci	*esto*	ceci
	éstos	ceux-ci	*éstas*	celles-ci		
À peu de distance du locuteur						
ahí là	*ése*	celui-là	*ésa*	celle-là	*eso*	cela
	ésos	ceux-là	*ésas*	celles-là		
Loin du locuteur						
allí, allá là-bas	*aquél*	celui-là (là-bas)	*aquélla*	celle-là	*aquello*	cela
	aquéllos	ceux-là (là-bas)	*aquéllas*	celles-là		

REMARQUES

1 Le pronom s'accorde en genre et en nombre avec le nom qu'il remplace. Les pronoms démonstratifs se différencient des adjectifs démonstratifs par l'accent écrit qu'ils peuvent porter sur la syllabe tonique. Mais cet accent n'est obligatoire qu'en cas de confusion possible entre l'adjectif et le pronom.

2 Les formes neutres ***esto, eso, aquello*** sont invariables et uniquement pronoms.
Elles ne portent jamais d'accent écrit.

Eso no me gusta. Cela ne me plaît pas.

Emplois

Les pronoms démonstratifs établissent, comme les adjectifs démonstratifs, une relation d'éloignement ou de proximité dans l'espace ou dans le temps.

*Vamos a poner las sillas de otro modo: **ésta** aquí, **aquélla** allí.*
Nous allons mettre les chaises d'une autre manière : celle-ci, ici, celle-là, là-bas.

Traduction de « celui qui » et « celui de »

• celui qui, celui que : *el que*
celle qui, celle que : *la que*
ce qui, ce que : *lo que*
ceux qui, ceux que : *los que*
celles qui, celles que : *las que*

Dime lo que quieres.
Dis-moi ce que tu veux.

• celui de, celle de, etc. : *el de, la de*, etc.

*Ésta es mi camisa, **la de** mi madre es aquélla.*
Voici ma chemise, celle de ma mère est celle-là.
***El de** mi hermano es blanco.*
Celui de mon frère est blanc.

L'adjectif possessif s'accorde en genre et en nombre avec le nom qu'il détermine et en personne avec le possesseur.

Il existe deux formes d'adjectifs possessifs selon leur position : les adjectifs placés devant le nom et les adjectifs placés après le nom.

Adjectif placé devant le nom

Il a la même valeur qu'en français mais est moins utilisé en espagnol.

Un possesseur		Plusieurs possesseurs	
Un objet	Plusieurs objets	Un objet	Plusieurs objets
mi mon, ma	**mis** mes	**nuestro, nuestra** notre	**nuestros, nuestras** nos
tu ton, ta	**tus** tes	**vuestro, vuestra** votre	**vuestros, vuestras** vos
su son, sa, votre	**sus** ses, vos	**su** leur, votre	**sus** leurs, vos

mi libro de clase, mon livre de classe
mis hermanos, mes frères
nuestra casa, notre maison

REMARQUE

Les possessifs de troisième personne présentent quelques difficultés de traduction :
su peut signifier **son**, **leur** et **votre** (quand on dit *usted* à quelqu'un).

*Juan ha olvidado **su** cartera.* Jean a oublié **son** portefeuille.
*Los chicos han perdido **su** paraguas.* Les garçons ont perdu **leur** parapluie.
*Usted ha estropeado **su** vida.* Vous avez gâché **votre** vie.

Adjectif placé après le nom

Il a une plus grande valeur expressive lorsqu'il est placé après le nom.

Un possesseur		Plusieurs possesseurs	
Un objet	Plusieurs objets	Un objet	Plusieurs objets
mío, mía mon, ma	***míos, mías*** mes	***nuestro, nuestra*** notre	***nuestros, nuestras*** nos
tuyo, tuya ton, ta	***tuyos, tuyas*** tes	***vuestro, vuestra*** votre	***vuestros, vuestras*** vos
suyo, suya son, sa, votre	***suyos, suyas*** ses, vos	***suyo, suya*** leur, votre	***suyos, suyas*** leurs, vos

*la ciudad **mía**,* ma ville
*las cosas **nuestras**,* nos affaires

Emplois

Le possessif est moins employé qu'en français. On lui préfère l'article défini en marquant la possession avec la forme réfléchie du verbe.

*Se puso **los** calcetines al revés.* Il a mis ses chaussettes à l'envers.

Les pronoms possessifs n'ont pas de formes particulières. Ils s'obtiennent en mettant l'article défini devant les formes de l'adjectif possessif placé après le nom.
Le pronom possessif s'accorde en genre et en nombre avec le nom qu'il remplace.

Formes

Un possesseur		Plusieurs possesseurs	
Un objet	Plusieurs objets	Un objet	Plusieurs objets
el mío le mien *la mía* la mienne	*los míos* les miens *las mías* les miennes	*el nuestro* le nôtre *la nuestra* la nôtre	*los nuestros* *las nuestras* les nôtres
el tuyo le tien *la tuya* la tienne	*los tuyos* les tiens *las tuyas* les tiennes	*el vuestro* le vôtre *la vuestra* la vôtre	*los vuestros* *las vuestras* les vôtres
el suyo le sien *la suya* la sienne	*los suyos* les siens *las suyas* les siennes	*el suyo* le vôtre le leur *la suya* la vôtre la leur	*los suyos* *las suyas* les vôtres les leurs

*Mi casa tiene más habitaciones que **la tuya**.*
Ma maison a plus de chambres que la tienne.

*Este coche es **el nuestro**.*
Cette voiture est la nôtre.

*¿Estos libros son **los vuestros**?*
Ces livres sont-ils les vôtres ?

*Estas gafas son **las suyas**.*
Ces lunettes sont les siennes.

*Estos discos son **los míos**.*
Ces disques sont les miens.

Emplois

• Les pronoms possessifs espagnols ont les mêmes valeurs et les mêmes conditions d'emplois que les pronoms possessifs français.
Este ordenador es el mío. El tuyo es aquel.
Cet ordinateur est le mien / à moi. Le tien est celui-là.

• **Pronom précédé du neutre *lo***
Précédé de l'article neutre *lo*, le pronom possessif se traduit en français par « ce qui m'appartient, ce qui me concerne, mon domaine ».
Lo tuyo son los idiomas. Ton domaine, ce sont les langues.
Lo mío, mío. Ce qui est à moi, est à moi.

• **Valeur particulière**
Au masculin pluriel, les pronoms possessifs peuvent désigner la famille.
Da recuerdos a los tuyos. Donne le bonjour aux tiens.

LES PRONOMS PERSONNELS SUJETS

Formes

Personne	Pronoms sujets
1re personne du singulier	*yo* je
2e personne du singulier	*tú* tu
3e personne du singulier	*él, ella, usted* il, elle, vous
1re personne du pluriel	*nosotros, nosotras* nous
2e personne du pluriel	*vosotros, vosotras* vous
3e personne du pluriel	*ellos, ellas, ustedes* ils, elles, vous

REMARQUE

En espagnol, les terminaisons du verbe indiquent la personne, ce qui rend souvent inutile l'emploi du pronom personnel sujet.
On utilise les pronoms sujets pour insister sur la personne ou pour éviter les confusions entre plusieurs personnes qui parlent.

Le vouvoiement et le tutoiement pluriel

• Pour vouvoyer en espagnol, on utilise la troisième personne du singulier (vouvoiement singulier) et la troisième personne du pluriel (vouvoiement pluriel).

(Señor) Usted habla español. Vous parlez espagnol.
(Señores) Ustedes hablan español. Vous parlez espagnol.

• La deuxième personne du pluriel correspond au tutoiement pluriel.

(Chicos) Vosotros habláis español. Vous parlez espagnol.

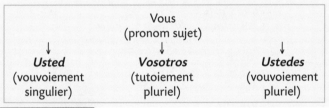

Vous
(pronom sujet)

↓ | ↓ | ↓
Usted | **Vosotros** | **Ustedes**
(vouvoiement singulier) | (tutoiement pluriel) | (vouvoiement pluriel)

REMARQUE

Usted s'abrège en *Ud.* ou *Vd.* et *Ustedes* s'abrège en *Uds.* ou *Vds.*

LES PRONOMS PERSONNELS COMPLÉMENTS

Formes

Pers.	Pronoms sujets	Pronoms compléments sans préposition		Pronoms réfléchis
1re sing.	*yo* je	*me* me		*me* me
2e sing.	*tú* tu	*te* te		*te* te
3e sing.	*él, ella, usted* il, elle, vous	direct	indirect	*se* se
		lo, le, la le, la	*le (se)* lui, vous	
1re plur.	*nosotros,* *nosotras* nous	*nos* nous		*nos* nous
2e plur.	*vosotros,* *vosotras* vous	*os* vous		*os* vous
3e plur.	*ellos, ellas,* *ustedes* ils, elles, vous	direct	indirect	*se* se
		los, les, las les	*les (se)* leur, vous	

(Yo) *lo* digo. Je le dis.
Pedro *te* habla. Pierre te parle.
Silvia *nos* dice la verdad. Sylvie nous dit la vérité.
(Ellas) hacen sus deberes. Elles font leurs devoirs.

Emplois

• Quand le complément d'objet direct représente une personne, l'espagnol peut utiliser *le* au lieu de *lo*. Les deux formes sont correctes au masculin.
A Pedro le vi cerca de aquí. ou *A Pedro lo vi cerca de aquí.*
J'ai vu Pierre près d'ici.

• Lorsque deux pronoms compléments se suivent, le complément d'objet indirect se place toujours devant le complément d'objet direct.
Te lo digo. Je te le dis.
Os lo digo. Je vous le dis. (tutoiement pluriel)
Se lo digo. Je vous le dis. (vouvoiement)

• Lorsque les deux pronoms compléments sont de la troisième personne, le complément d'objet indirect *le* ou *les* devient *se*.
le lui, le leur → *se lo*   les lui, les leur → *se los* ou *se las*
la lui, la leur → *se la*   vous le, vous la → *se lo* ou *se la*
Se lo digo. Je le lui dis. Je le leur dis. Je vous le dis.
Se la da. Il la lui donne. Il la leur donne. Il vous la donne.
Se las ofrecen. Ils les lui offrent. Ils les leur offrent.

ATTENTION

À l'infinitif, à l'impératif et au gérondif, les pronoms compléments deviennent enclitiques, c'est-à-dire qu'ils se placent après le verbe et se soudent à lui (voir Fiche 16).

Voy a decírtelo. Je vais te le dire.
Díselo. Dis-le-lui.
Diciéndoselo, te sentirás mejor. En le lui disant, tu te sentiras mieux.

Formes

Pers.	Pronoms sujets	Compléments avec préposition	Compléments avec la préposition *con*
1re sing.	*yo* je	*mí* moi	*conmigo* avec moi
2e sing.	*tú* tu	*ti* toi	*contigo* avec toi
3e sing.	*él, ella, usted* il, elle, vous	*él, ella, usted* lui, elle, vous	*con él, con ella, con usted* avec lui, avec elle, avec vous
1re plur.	*nosotros, nosotras* nous	*nosotros, nosotras* nous	*con nosotros, con nosotras* avec nous
2e plur.	*vosotros, vosotras* vous	*vosotros, vosotras* vous	*con vosotros, con vosotras* avec vous
3e plur.	*ellos, ellas, ustedes* ils, elles, vous	*ellos, ellas, ustedes* eux, elles, vous	*con ellos, con ellas, con ustedes* avec eux, avec elles, avec vous
		réfléchi : *sí*, soi	réfléchi : *consigo*, avec soi

*Sin **mí**, no puedes hacer nada.* Sans moi, tu ne peux rien faire.
Conmigo, *todo es más fácil.* Avec moi, tout est plus facile.

Emplois

• Après *excepto* (excepté), *salvo* (sauf) et *según* (selon), on emploie toujours les formes du pronom sujet *yo* et *tú* (et non pas *mí* et *ti*).
En esta clase, salvo tú, los demás valen poco.
Dans cette classe, à part toi, les autres ne valent pas grand-chose.

• Après *entre* (entre), on emploie les pronoms sujets si les pronoms indiquent qu'il s'agit de deux personnes différentes.
Entre tú y yo las cosas son diferentes.
Entre toi et moi les choses sont différentes.

• Emploi du réfléchi *sí*
Chaque fois que les pronoms compléments de la troisième personne du singulier ou du pluriel désignent la même personne que le sujet, on emploie *sí*.
María siempre está hablando de sí.
Marie est toujours en train de parler d'elle.

Définition

À l'infinitif, à l'impératif et au gérondif, le pronom complément se place après le verbe et se soude à lui. Cette particularité de l'espagnol s'appelle l'**enclise**.

Voy a verle. Je vais le voir.

¡Vete! Va-t-en !

Esforzándote, lo conseguirás. En faisant des efforts, tu y arriveras.

REMARQUE

Le complément d'objet indirect se place toujours avant le complément d'objet direct.

Dímelo. Dis-le-moi.

Modifications dues à l'enclise

● **Suppression de lettres**
À l'impératif affirmatif, pour les verbes pronominaux, l'enclise entraîne la suppression d'une lettre à certaines personnes.
– Suppression du **-s** final à la première personne du pluriel :
Sentemos + nos : *¡Sentémonos!* Asseyons-nous !
– Suppression du **-d** final à la deuxième personne du pluriel :
Esperad + os : *¡Esperaos!* Attendez !
¡Deteneos! Arrêtez-vous !
¡Subíos! Montez !

● **Place de l'accent écrit**
L'accent tonique conserve la place qu'il occupe dans la forme conjuguée, mais l'ajout d'un ou de plusieurs pronoms oblige à mettre un accent écrit pour respecter les règles d'orthographe.
¡Da! Donne !
¡Dame! Donne-moi !
¡Dámelo! Donne-le-moi !

REMARQUE

À l'impératif négatif, l'enclise n'a pas lieu.
No me lo digas. Ne me le dis pas.
Contrairement à : *Dímelo.* Dis-le-moi.

Formes

Les pronoms relatifs en espagnol se présentent sous différentes formes.

que	qui / que
quien, quienes	qui / lequel, lesquels
el que, la que, los que, las que	celui qui, celle qui, ceux qui, celles qui
el cual, la cual, los cuales, las cuales	lequel, laquelle, lesquels, lesquelles
donde	où
cuyo, cuya, cuyos, cuyas	dont le, dont la, dont les

Emplois

• *Quien*, *quienes* ne s'emploient que pour les personnes et s'accordent en nombre avec l'antécédent.
Es la persona con quien me fui a París.
C'est la personne avec qui je suis parti à Paris.

• *El cual, la cual*, etc. se rapportent à des personnes ou à des choses. Ils s'emploient aussi avec les prépositions *ante* (devant), *bajo* (sous), *contra* (contre), *hacia* (vers), *sobre* (sur), etc.
Se fueron al lugar en el cual habían quedado.
Ils se rendirent à l'endroit dans lequel ils s'étaient donné rendez-vous.

• **Cuyo** est à la fois relatif et possessif et ne peut être suivi par un article. Il établit une relation de possession entre l'antécédent et le nom qu'il détermine. Il s'accorde en genre et en nombre avec le nom qu'il détermine.

*La casa **cuyas** ventanas son azules.*

La maison dont les fenêtres sont bleues.

REMARQUE

Que peut traduire souvent tous les pronoms relatifs français. Il s'emploie pour les choses et pour les personnes.

*Los niños **que** gritan.*	Les enfants **qui** crient.
*Te daré el dinero **que** mereces.*	Je te donnerai l'argent **que** tu mérites.
*No sé **qué** pensar.*	Je ne sais pas **quoi** penser.
*Es el chico de (del) **que** te hablé el otro día.*	C'est le garçon **dont** je t'ai parlé l'autre jour.
*El día (en) **que** vino a verme, no estaba.*	Le jour **où** il est venu me voir, je n'étais pas là.
*La calle en (la) **que** lo encontré.*	La rue **dans laquelle** je l'ai trouvé.

Les cardinaux

0	cero	10	diez	20	veinte
1	uno	11	once	21	veintiuno
2	dos	12	doce	22	veintidós
3	tres	13	trece	23	veintitrés
4	cuatro	14	catorce	24	veinticuatro
5	cinco	15	quince	25	veinticinco
6	seis	16	dieciséis	26	veintiséis
7	siete	17	diecisiete	27	veintisiete
8	ocho	18	dieciocho	28	veintiocho
9	nueve	19	diecinueve	29	veintinueve

30	treinta	200	doscientos, -as
31	treinta y uno, etc.	300	trescientos, -as
		400	cuatrocientos, -as
40	cuarenta	500	**quinientos, -as**
41	cuarenta y uno, etc.	600	seiscientos, -as
		700	**setecientos, -as**
50	cincuenta	800	ochocientos, -as
60	sesenta	900	**novecientos, -as**
70	setenta	1 000	**mil**
80	ochenta	100 000	cien mil
90	noventa	1 000 000	un millón
100	cien		
101	ciento uno, etc.		

Les ordinaux

1°	*primero, a*
2°	*segundo, a*
3°	*tercero, a*
4°	*cuarto, a*
5°	*quinto, a*
6°	*sexto, a*
7°	*séptimo, a*
8°	*octavo, a*
9°	*noveno, a*
10°	*décimo, a*

REMARQUES

1 Seuls les dix premiers ordinaux sont d'un usage courant.
el quinto capítulo, le cinquième chapitre

À partir du onzième, on utilise le cardinal placé derrière le nom.
el siglo veintiuno, le vingt et unième siècle

2 Ils s'accordent en genre et en nombre avec le nom qu'ils déterminent.
la cuarta dimensión, la quatrième dimension

3 *Primero* et *tercero* subissent l'apocope, c'est-à-dire qu'ils perdent le *-o* final devant un nom masculin singulier (voir Fiche 8).
el primer alumno del tercer banco, le premier élève du troisième banc

Les indéfinis sont une catégorie de mots de type pronom ou adverbe, avec une valeur d'adjectif, qui expriment d'une manière plus ou moins précise une idée de quantité.

Principaux indéfinis

algo, quelque chose	*menos*, moins
alguien, quelqu'un	*mucho / a / os / as*, beaucoup
algún(o) / a / os / as, quelque, quelqu'un	*nada*, rien
ambos / as, tous / tes les deux	*nadie*, personne
bastante / es, assez	*ningún(o) / a*, aucun, aucune
cada, chaque	*otro / a / os / as*, autre
cada uno(a), chacun / e	*poco / a / os / as*, peu
cierto / a / os / as, certain	*tanto / a / os / as*, tant de, autant de, tellement de
cualquier(a) / cualesquiera, quelconque, n'importe qui	*todo / a / os / as*, tout
demasiado / a / os / as, trop	*un(o) / a / os / as*, un, une, quelques
más, plus, davantage	*varios / as*, plusieurs

ambas casas, les deux maisons
cada uno de ellos, chacun d'eux
demasiado trabajo, trop de travail
no tengo nada que decir, je n'ai rien à dire
pocas veces, peu de fois

Particularités de quelques indéfinis

• Les indéfinis qui s'opposent :

algo	quelque chose	*nada*	rien
alguien	quelqu'un	*nadie*	personne
alguno / a	quelque	*ninguno / a*	aucun / e

• Certains indéfinis subissent l'apocope (voir Fiche 8).

• *Alguno* placé après le nom dans une phrase négative signifie « aucun ».

No oigo música alguna. Je n'entends aucune musique.

• Devant un nom de nombre, *unos*, *unas* indiquent une approximation et se traduisent par « environ ».

Tendrá unos treinta años. Il doit avoir environ trente ans.

• *Otro*, *otra*, *otros*, *otras*, « un autre », « une autre », etc., s'emploient sans article indéfini.

Mañana será otro día. Demain sera un autre jour.

REMARQUE

Avec les indéfinis *nada*, *nadie*, *ninguno*, deux constructions sont possibles :

– en tête de phrase et sans mot négatif : **indéfini + verbe**.

Nadie escucha. Personne n'écoute.

– après le verbe dans une phrase négative commençant par *no* : **no + verbe + indéfini**.

No escucha nadie. Personne n'écoute.

II. LE GROUPE VERBAL

Les groupes de verbes

• Les verbes espagnols sont répartis en trois groupes en fonction de la terminaison des infinitifs.

Premier groupe : infinitifs terminés en *-ar*.
hablar, parler ; *bailar,* danser ; *comprar,* acheter
Deuxième groupe : infinitifs terminés en *-er*.
beber, boire ; *comer,* manger ; *deber,* devoir
Troisième groupe : infinitifs terminés en *-ir*.
vivir, vivre ; *escribir,* écrire ; *imprimir,* imprimer

• Le verbe comporte deux parties : le **radical** et la **terminaison**. Pour trouver le radical, il suffit d'enlever la terminaison en *-ar*, *-er*, *-ir* de l'infinitif.

REMARQUE

Tous les temps simples de la conjugaison espagnole sont formés à partir du **radical**, sauf :
– le futur de l'indicatif et le conditionnel, qui sont formés sur l'**infinitif** ;
– l'imparfait du subjonctif, qui est formé à partir
de la troisième personne du pluriel du passé simple.

L'accord du verbe

• Le verbe s'accorde en personne et en nombre avec son sujet, comme en français.
Tu cantas. Tu chantes.
Los niños ven la tele. Les enfants regardent la télévision.

• En espagnol, les terminaisons du verbe indiquent la personne, ce qui rend souvent inutile l'emploi du pronom personnel sujet.
Voy al cine. Je vais au cinéma.
Comemos en el restaurante. Nous mangeons au restaurant.

• On utilise les pronoms sujets pour insister sur la personne ou pour éviter les confusions entre plusieurs personnes qui parlent.
Soy yo, Pedro. C'est moi, Pierre.
Tú y yo vamos juntos. Toi et moi, nous allons ensemble.

Caractéristiques de la conjugaison espagnole

• Certains temps simples présentent des ressemblances de construction qui favorisent leur apprentissage groupé :
– le présent de l'indicatif, le présent du subjonctif et l'impératif ;
– le passé simple et les deux formes de l'imparfait du subjonctif ;
– le futur et le conditionnel ;
l'imparfait de l'indicatif est à part.

• Les temps composés de la voix active se forment avec l'auxiliaire **haber**.

• À tous les temps, certains verbes sont réguliers, d'autres irréguliers.
Les irrégularités affectent presque toujours le radical du verbe et rarement les terminaisons.

REMARQUE

Les principaux modèles de conjugaison des verbes réguliers et des verbes irréguliers sont présentés pages 136 à 180.

51

Formes régulières

● Formation du présent de l'indicatif : radical + terminaisons du présent de l'indicatif.

Terminaisons des verbes réguliers

	Verbes terminés en		
	-ar	**-er**	**-ir**
yo	**-o**	**-o**	**-o**
tú	**-as**	**-es**	**-es**
él / ella / usted	**-a**	**-e**	**-e**
nosotros / nosotras	**-amos**	**-emos**	**-imos**
vosotros / vosotras	**-áis**	**-éis**	**-ís**
ellos / ellas / ustedes	**-an**	**-en**	**-en**

MODÈLES

Voir tableaux 2, 3 et 4, pages 139-141.
Hablar : hablo, hablas, habla, hablamos, habláis, hablan
Beber : bebo, bebes, bebe, bebemos, bebéis, beben
Vivir : vivo, vives, vive, vivimos, vivís, viven

Verbes irréguliers inclassables, d'un emploi très fréquent

Caber (tableau 7)	Tenir, entrer	**quepo**, cabes, cabe, cabemos, cabéis, caben
Caer (tableau 8)	Tomber	**caigo**, caes, cae, caemos, caéis, caen

Dar (tableau 12)	Donner	**doy**, *das, da, damos, dais, dan*
Decir (tableau 13)	Dire	**digo, dices, dice,** *decimos, decís,* **dicen**
Estar (tableau 16)	Être, se trouver	**estoy, estás, está,** *estamos, estáis,* **están**
Haber (tableau 1)	Avoir, être (auxiliaire)	**he, has, ha, hemos,** *habéis,* **han**
Hacer (tableau 17)	Faire	**hago,** *haces, hace, hacemos, hacéis, hacen*
Ir (tableau 18)	Aller	**voy, vas, va, vamos, vais, van**
Oír (tableau 25)	Entendre	**oigo, oyes, oye,** *oímos, oís,* **oyen**
Poder (tableau 30)	Pouvoir	**puedo, puedes, puede,** *podemos, podéis,* **pueden**
Poner (tableau 31)	Mettre	**pongo,** *pones, pone, ponemos, ponéis, ponen*
Querer (tableau 32)	Vouloir, aimer	**quiero, quieres, quiere,** *queremos, queréis,* **quieren**
Saber (tableau 34)	Savoir	**sé,** *sabes, sabe, sabemos, sabéis, saben*
Salir (tableau 35)	Sortir, partir	**salgo,** *sales, sale, salimos, salís, salen*
Ser (tableau 37)	Être (essentiel)	**soy, eres, es, somos, sois, son**
Tener (tableau 38)	Avoir, posséder	**tengo, tienes, tiene,** *tenemos, tenéis,* **tienen**
Traer (tableau 40)	Apporter	**traigo,** *traes, trae, traemos, traéis, traen*
Valer (tableau 41)	Valoir, coûter	**valgo,** *vales, vale, valemos, valéis, valen*
Venir (tableau 42)	Venir	**vengo, vienes, viene,** *venimos, venís,* **vienen**
Ver (tableau 43)	Voir	**veo,** *ves, ve, vemos, veis, ven*

Verbes irréguliers
en -*acer*, -*ecer*, -*ocer*, -*ucir* et en -*uir*

• À la première personne du singulier des verbes terminés en
-*acer*, -*ecer*, -*ocer* et -*ucir*, le *c* devient *zc* devant la terminaison -*o*.
Nacer (tableau 23), naître : *nazco*
Obedecer (tableau 24), obéir : *obedezco*
Conocer (tableau 10), connaître : *conozco*
Lucir (tableau 21), luire, briller : *luzco*

• Aux trois personnes du singulier et à la troisième personne du
pluriel pour les verbes en -*uir*, le *i* devient *y* devant les terminaisons
en -*o*, -*e*.
Concluir (tableau 9), conclure : *concluyo, concluyes, concluye,
concluimos, concluís, concluyen*

Verbes irréguliers à diphtongue

• La diphtongaison affecte un certain nombre de verbes
lorsque le -*e* ou le -*o* final du radical portent l'accent tonique.
Cette diphtongaison se produit aux trois personnes du singulier
et à la troisième personne du pluriel.

Diphtongaison e → ie	Diphtongaison o → ue
Pensar (tab. 28)	***Contar*** (tab. 11)
piens o	*cuent o*
piens as	*cuent as*
piens a	*cuent a*
pens amos	*cont amos*
pens áis	*cont áis*
piens an	*cuent an*

ATTENTION

Oler, sentir (une odeur) a une conjugaison particulière :
huelo, hueles, huele, olemos, oléis, huelen.

Autres irrégularités

- Deux verbes isolés présentent les irrégularités suivantes :
– *Adquirir* : *i* du radical → *ie*.
– *Jugar* : *u* du radical → *ue*.

- Certains verbes, au lieu d'une diphtongaison, subissent un changement de voyelle. Modèle : *Pedir*.

- Ces modifications se produisent aux trois personnes du singulier et à la troisième personne du pluriel.

Adquirir (tab. 5)		*Jugar* (tab. 19)		*Pedir* (tab. 27)	
adqui**er**	o	jueg	o	pid	o
adqui**er**	es	jueg	as	pid	es
adqui**er**	e	jueg	a	pid	e
adquir	imos	jug	amos	ped	imos
adquir	ís	jug	áis	ped	ís
adqui**er**	en	jueg	an	pid	en

ATTENTION

Reír, rire, a une conjugaison particulière : *río, ríes, ríe, reímos, reís, ríen.*

Formes régulières

• Formation du présent du subjonctif : radical + terminaisons du présent du subjonctif.

Terminaisons des verbes réguliers

	Verbes terminés en	
	-ar	**-er et -ir**
yo	**-e**	**-a**
tú	**-es**	**-as**
él / ella / usted	**-e**	**-a**
nosotros / nosotras	**-emos**	**-amos**
vosotros / vosotras	**-éis**	**-áis**
ellos / ellas / ustedes	**-en**	**-an**

MODÈLES

Voir tableaux 2, 3 et 4, pages 139-141.
Hablar : hable, hables, hable, hablemos, habléis, hablen
Beber : beba, bebas, beba, bebamos, bebáis, beban
Vivir : viva, vivas, viva, vivamos, viváis, vivan

Subjonctifs présents irréguliers particuliers

Caber (tableau 7)	Tenir, entrer	*quepa, quepas, quepa, quepamos, quepáis, quepan*
Dar (tableau 12)	Donner	*dé, des, dé, demos, deis, den*
Estar (tableau 16)	Être, se trouver	*esté, estés, esté, estemos, estéis, estén*
Haber (tableau 1)	Avoir, être (auxiliaire)	*haya, hayas, haya, hayamos, hayáis, hayan*
Ir (tableau 18)	Aller	*vaya, vayas, vaya, vayamos, vayáis, vayan*
Saber (tableau 34)	Savoir	*sepa, sepas, sepa, sepamos, sepáis, sepan*
Ser (tableau 37)	Être (essentiel)	*sea, seas, sea, seamos, seáis, sean*
Ver (tableau 43)	Voir	*vea, veas, vea, veamos, veáis, vean*

Verbes irréguliers terminés en *-ga*

Si la première personne de l'indicatif présent d'un verbe se termine en *-go* toutes les personnes du subjonctif présent se terminent par *-g* + terminaisons régulières.

Poner (tableau 31), mettre

Indicatif présent → *pongo*

Subjonctif présent → *ponga, pongas, ponga, pongamos, pongáis, pongan*

Caer (tableau 8), tomber :
caiga, caigas, caiga, caigamos, caigáis, caigan

Decir (tableau 13), dire :
diga, digas, diga, digamos, digáis, digan

Hacer (tableau 17), faire :
haga, hagas, haga, hagamos, hagáis, hagan

Oír (tableau 25), entendre :
oiga, oigas, oiga, oigamos, oigáis, oigan

Salir (tableau 35), sortir, partir :
salga, salgas, salga, salgamos, salgáis, salgan

Tener (tableau 38), avoir, posséder :
tenga, tengas, tenga, tengamos, tengáis, tengan

Traer (tableau 40), apporter :
traiga, traigas, traiga, traigamos, traigáis, traigan

Valer (tableau 41), valoir, coûter :
valga, valgas, valga, valgamos, valgáis, valgan

Venir (tableau 42), venir :
venga, vengas, venga, vengamos, vengáis, vengan

Verbes irréguliers terminés
en *-acer*, *-ecer*, *-ocer*, *-ucir* et en *-uir*

• À toutes les personnes du présent du subjonctif des verbes terminés en *-acer*, *-ecer*, *-ocer* et *-ucir*, le *c* devient *zc* devant la terminaison *-a*.

Nacer (tableau 23), naître : *nazca, nazcas, nazca, nazcamos, nazcáis, nazcan*

Obedecer (tableau 24), obéir : *obedezca, obedezcas, obedezca, obedezcamos, obedezcáis, obedezcan*

Conocer (tableau 10), connaître : *conozca, conozcas, conozca, conozcamos, conozcáis, conozcan*

Traducir (tableau 39), traduire : *traduzca, traduzcas, traduzca, traduzcamos, traduzcáis, traduzcan*

• À toutes les personnes du présent du subjonctif pour les verbes en *-uir*, le *i* devient *y* devant la terminaison *-a*.

Concluir (tableau 9), conclure : *concluya, concluyas, concluya, concluyamos, concluyáis, concluyan*

Les verbes irréguliers à diphtongue

Comme au présent de l'indicatif, la **diphtongaison** se produit également au subjonctif aux trois personnes du singulier et à la troisième personne du pluriel.

Diphtongaison e → ie	Diphtongaison o → ue
Pensar (tab. 28)	*Contar* (tab. 11)
p**ie**ns **e**	c**ue**nt **e**
p**ie**ns **es**	c**ue**nt **es**
p**ie**ns **e**	c**ue**nt **e**
pens **emos**	cont **emos**
pens **éis**	cont **éis**
p**ie**ns **en**	c**ue**nt **en**

ATTENTION

Oler, sentir (une odeur) a une conjugaison particulière : *h**ue**la, h**ue**las, h**ue**la, olamos, oláis, h**ue**lan.*

Les verbes irréguliers à diphtongue et à changement de voyelle

• Au subjonctif, les verbes **sentir**, **dormir**, en plus des diphtongaisons, subissent un changement de voyelle.

Diphtongaisons et changement de voyelle	
e → ie e → i	o → ue o → u
Sentir (tab. 36)	**Dormir** (tab. 15)
sient **a**	duerm **a**
sient **as**	duerm **as**
sient **a**	duerm **a**
sint **amos**	durm **amos**
sint **áis**	durm **áis**
sient **an**	duerm **an**

• **Pedir** subit un changement de voyelle.

Changement de voyelle e → i
Pedir (tab. 27)
pid **a**
pid **as**
pid **a**
pid **amos**
pid **áis**
pid **an**

ATTENTION

Reír, rire, a une conjugaison particulière :
ría, rías, ría, riamos, riáis, rían.

Emplois du présent de l'indicatif

Le présent de l'indicatif sert à :

• donner une information générale sur le présent.
*Hoy **empiezan** las rebajas.* Aujourd'hui débutent les soldes.

• exprimer une action habituelle et des vérités générales.
***Vamos** al cine los sábados.* Nous allons au cinéma le samedi.
*La tierra **es** redonda.* La terre est ronde.

• exprimer un ordre.
*Te **lavas** y te **vistes**.* Tu te laves et tu t'habilles.

• exprimer des actions futures.
*Mañana **voy** a la ciudad con una amiga.*
Demain je vais en ville avec une amie.

• rappeler un fait historique.
*Cervantes **publica** el Quijote en 1605.*
Cervantès publie le Don Quichotte en 1605.

• exprimer la condition avec une valeur de futur.
*Si me **acompañas**, te **compro** algo.*
Si tu viens avec moi, je t'achète quelque chose.

Emplois du présent du subjonctif

Le présent du subjonctif sert à :

• exprimer un souhait et une éventualité.
*¡Ojalá **haga** buen tiempo!* Pourvu qu'il fasse beau !
*Quizás **sea** él.* C'est peut-être lui.

- pouvoir exprimer, surtout à la troisième personne, un ordre, une exhortation, une défense.

*¡Que se **callen!*** Qu'ils se taisent !

- exprimer des sentiments.

*Me extraña que no **esté** aquí.* Cela m'étonne qu'il ne soit pas là.

- exprimer un jugement.

*Parece mentira que **diga** esas cosas.*
C'est incroyable qu'il raconte des choses pareilles.

- exprimer une obligation personnelle et un but.

*Es necesario que **estudies** más para aprobar.*
Il faut que tu travailles davantage pour réussir.
*Te lo doy para que **tengas** un recuerdo mío.*
Je te le donne pour que tu aies un souvenir de moi.

- exprimer un fait non avéré.

*Llegaré en cuanto me **llames**.*
J'arriverai dès que tu m'appelleras.

- exprimer une opposition.

*Iré de vacaciones aunque no **tenga** dinero.*
J'irai en vacances même si je n'ai pas d'argent.

- exprimer une condition irréelle ou impossible.

*Llegaré pronto a no ser que **haya** un atasco.*
J'arriverai de bonne heure à moins qu'il n'y ait un embouteillage.

- décrire quelque chose / quelqu'un qu'on ne connaît pas.

*Busco a una secretaria que **hable** inglés.*
Je cherche une secrétaire qui parle anglais.

L'impératif espagnol a 5 personnes : tutoiement singulier, tutoiement pluriel, vouvoiement singulier, vouvoiement pluriel, 1re personne du pluriel.

Impératif affirmatif régulier

• Le tutoiement singulier se forme à partir de la deuxième personne du présent de l'indicatif moins le **s**.
• Le tutoiement pluriel se forme en remplaçant le **-r** final de l'infinitif par **-d**.
• Les trois autres personnes proviennent intégralement du subjonctif présent.
• Terminaisons :
– des verbes en -ar : **-a** *(tú)*, **-e** *(usted)*, **-emos** *(nosotros)*, **-ad** *(vosotros)*, **-en** *(ustedes)*.
– des verbes en -er : **-e, -a, -amos, -ed, -an.**
– des verbes en -ir : **-e, -a, -amos, -id, -an.**

MODÈLES

Voir tableaux 2, 3 et 4, pages 139-141.

Impératifs affirmatifs irréguliers

La forme irrégulière ne concerne que la 1re personne du singulier.
Decir (tableau 13), dire : **di** – **hacer** (tableau 17), faire : **haz** – ir (tableau 18), aller : **ve** – **poner** (tableau 31), mettre : **pon** – **salir** (tableau 35), sortir : **sal** – **ser** (tableau 37), être : **sé** – **tener** (tableau 38), avoir, posséder : **ten** – **venir** (tableau 42), venir : **ven**.

Formation de l'impératif négatif

• Toutes les personnes de l'impératif négatif se forment avec le présent du subjonctif précédé de **no**.

• Seules les formes négatives du tutoiement singulier et pluriel se modifient en passant de l'impératif affirmatif à l'impératif négatif.

MODÈLES

Voir tableaux 2, 3 et 4, pages 139-141.

Emplois de l'impératif

• Construire l'expression de l'ordre et de la défense.
Sal de aquí ahora mismo. Sors d'ici immédiatement.

• Exprimer la suggestion et le conseil.
Coge el paraguas que va a llover.
Prends ton parapluie car il va pleuvoir.

• Attirer l'attention.
Perdona, ¿qué hora es? Excuse-moi, quelle heure est-il ?

• Exprimer l'encouragement et l'autorisation.
Venga, vamos, tú puedes hacerlo. Allez, allez, tu peux y arriver.

• S'excuser.
Disculpa, disculpa. Pardon, pardon.

• Exprimer la surprise.
*No me **digas** que ha venido a verte.*
Ne me dis pas qu'il est venu te voir.

• Exprimer une demande.
*Por favor, **póngame** un café.* S'il vous plaît, donnez-moi un café.

Formes régulières

• **Formation du passé simple : radical + terminaisons du passé simple.**

Verbes terminés en	Terminaisons des verbes réguliers					
-ar	-é	-aste	-ó	-amos	-asteis	-aron
-er et -ir	-í	-iste	-ió	-imos	-isteis	-ieron

MODÈLES

Voir tableaux 2, 3 et 4, pages 139-141.
Hablar : hablé, hablaste, habló, hablamos, hablasteis, hablaron
Beber : bebí, bebiste, bebió, bebimos, bebisteis, bebieron
Vivir : viví, viviste, vivió, vivimos, vivisteis, vivieron

Verbes irréguliers particuliers

Andar (tableau 6), marcher – ***caber*** (tableau 7), tenir, entrer –
dar (tableau 12), donner – ***decir*** (tableau 13), dire –
estar (tableau 16), être – ***haber*** (tableau 1), avoir, être
(auxiliaire) – ***hacer*** (tableau 17), faire – ***ir*** (tableau 18), aller –
poder (tableau 30), pouvoir – ***poner*** (tableau 31), mettre –
querer (tableau 32), vouloir, aimer – ***saber*** (tableau 34), savoir –
ser (tableau 37), être (essentiel) – ***tener*** (tableau 38), avoir –
traer (tableau 40), apporter – ***venir*** (tableau 42), venir.

ATTENTION

Ces verbes irréguliers ne portent pas d'accent écrit.

Verbes irréguliers à changement de voyelle

• Modifications aux troisièmes personnes du singulier et du pluriel : *o* → *u* et *e* → *i*.

Dormir (tableau 15), dormir : *durmió, durmieron*

Pedir (tableau 27), demander : *pidió, pidieron*

• Modifications de la terminaison *i* → *y* aux troisièmes personnes du singulier et du pluriel.

Concluir (tableau 9), conclure : *concluyó, concluyeron*

• Les verbes terminés en *-ducir* : à toutes les personnes, le *c* devient *j*.

Traducir (tableau 39), traduire : *traduje, tradujiste, tradujo, tradujimos, tradujisteis, tradujeron*

Emplois du passé simple

• Le passé simple sert à exprimer une action passée et achevée sans lien avec le présent.

Il s'accompagne d'expressions temporelles telles que *ayer* (hier), *anoche* (hier soir), *la semana pasada* (la semaine dernière), *el año pasado* (l'année dernière), etc.

*Anoche **fuimos** a ver una película de Buñuel.*

Hier soir, nous sommes allés voir un film de Buñuel.

• Le passé simple est beaucoup plus fréquent en espagnol qu'en français. Chaque fois que l'action se situe dans un passé révolu, l'espagnol utilise le passé simple alors que le français emploie le passé composé.

***Vino** a verme.* Il est venu me voir.

Formes régulières

• **Formation de l'imparfait du subjonctif :** troisième personne du pluriel du passé simple – *ron* + terminaisons de l'imparfait du subjonctif.

Terminaisons des verbes réguliers

• Les terminaisons de l'imparfait du subjonctif pour les trois groupes de verbes peuvent avoir deux formes. Les deux formes peuvent être utilisées indifféremment.

-ra ou *-se*
-ras ou *-ses*
-ra ou *-se*
-ramos ou *-semos*
-rais ou *-seis*
-ran ou *-sen*

MODÈLES

Voir tableaux 2, 3 et 4, pages 139-141.

Cantar, chanter → 3e personne du pluriel du passé simple : *cantaron* → imparfait du subjonctif : *cantara, cantaras, cantara, cantáramos, cantarais, cantaran*
ou *cantase, cantases, cantase, cantásemos, cantaseis, cantasen*
Beber : *bebiera, bebieras, bebiera, bebiéramos, bebierais, bebieran*
ou *bebiese, bebieses, bebiese, bebiésemos, bebieseis, bebiesen*
Vivir : *viviera, vivieras, viviera, viviéramos, vivierais, vivieran*
ou *viviese, vivieses, viviese, viviésemos, vivieseis, viviesen*

Formes irrégulières

Étant donné que l'imparfait du subjonctif se forme à partir de la 3e personne du pluriel du passé simple, lorsque cette forme du passé simple est irrégulière, toute la conjugaison de l'imparfait du subjonctif devient irrégulière à son tour. Les terminaisons sont les mêmes que pour les verbes réguliers.

Decir (tableau 13), dire : 3e personne du pluriel du passé simple : ***dijeron*** → imparfait du subjonctif : ***dijera, dijeras, dijera, dijéramos, dijerais, dijeran***

Emplois de l'imparfait du subjonctif

• L'imparfait du subjonctif sert à exprimer un souhait.

*¡Quien **supiera** cantar!*

Ah, si je savais chanter !

• Dans les subordonnées conditionnelles, il exprime des hypo-thèses improbables ou impossibles.

*Si **tuviera** mucho dinero, me compraría un avión.*

Si j'avais beaucoup d'argent, je m'achèterais un avion.

Formes régulières

• Formation du futur et du conditionnel : infinitif + terminaisons du futur ou du conditionnel.

Terminaisons des verbes réguliers

	Verbes en *-ar*, *-er* et *-ir*	
	Futur	Conditionnel
yo	**-é**	**-ía**
tú	**-ás**	**-ías**
él / ella / usted	**-á**	**-ía**
nosotros / nosotras	**-emos**	**-íamos**
vosotros / vosotras	**-éis**	**-íais**
ellos / ellas / ustedes	**-án**	**-ían**

MODÈLES

Voir tableaux 2, 3 et 4, pages 139-141.

Les futurs et conditionnels irréguliers

Caber (tableau 7), tenir, entrer
Futur : *cabré, cabrás, cabrá, cabremos, cabréis, cabrán*
Cond. : *cabría, cabrías, cabría, cabríamos, cabríais, cabrían*
Decir (tableau 13), dire
Futur : *diré, dirás, dirá, diremos, diréis, dirán*
Cond. : *diría, dirías, diría, diríamos, diríais, dirían*
Haber (tableau 1), avoir, être (auxiliaire)
Futur : *habré, habrás, habrá, habremos, habréis, habrán*
Cond. : *habría, habrías, habría, habríamos, habríais, habrían*

Hacer (tableau 17), faire
Futur : *haré, harás, hará, haremos, haréis, harán*
Cond. : *haría, harías, haría, haríamos, haríais, harían*
Poder (tableau 30), pouvoir
Futur : *podré, podrás, podrá, podremos, podréis, podrán*
Cond. : *podría, podrías, podría, podríamos, podríais, podrían*
Poner (tableau 31), mettre
Futur : *pondré, pondrás, pondrá, pondremos, pondréis, pondrán*
Cond. : *pondría, pondrías, pondría, pondríamos, pondríais, pondrían*
Querer (tableau 32), vouloir, aimer
Futur : *querré, querrás, querrá, querremos, querréis, querrán*
Cond. : *querría, querrías, querría, querríamos, querríais, querrían*
Saber (tableau 34), savoir
Futur : *sabré, sabrás, sabrá, sabremos, sabréis, sabrán*
Cond. : *sabría, sabrías, sabría, sabríamos, sabríais, sabrían*
Salir (tableau 35), sortir, partir
Futur : *saldré, saldrás, saldrá, saldremos, saldréis, saldrán*
Cond. : *saldría, saldrías, saldría, saldríamos, saldríais, saldrían*
Tener (tableau 38), avoir, posséder
Futur : *tendré, tendrás, tendrá, tendremos, tendréis, tendrán*
Cond. : *tendría, tendrías, tendría, tendríamos, tendríais, tendrían*
Valer (tableau 41), valoir, coûter
Futur : *valdré, valdrás, valdrá, valdremos, valdréis, valdrán*
Cond. : *valdría, valdrías, valdría, valdríamos, valdríais, valdrían*
Venir (tableau 42), venir
Futur : *vendré, vendrás, vendrá, vendremos, vendréis, vendrán*
Cond. : *vendría, vendrías, vendría, vendríamos, vendríais, vendrían*

Emplois du futur

Le futur de l'indicatif sert à :

• exprimer une action future par rapport au moment présent.
Estará aquí esta noche para cenar.
Il sera là ce soir pour le dîner.

• exprimer un doute ou une probabilité dans le présent.
Ayer no vino. Estará enfermo.
Il n'est pas venu hier. Il est peut-être malade.

• exprimer l'obligation et l'interdit.
Vendréis a las ocho.
Vous viendrez à huit heures.
No cantarás.
Tu ne chanteras pas.

• atténuer une affirmation.
Te pediré un favor.
Je vais te demander un service.

Emplois du conditionnel

Le conditionnel sert à :

• atténuer une formulation (politesse).
*¿**Podrías** hacerme un favor?*
Pourrais-tu me rendre un service ?

• exprimer une suggestion (avec les verbes *deber* et *poder*).
***Deberías** hablar con él.*
Tu devrais parler avec lui.

• exprimer une conjecture, une supposition dans le passé.
***Serían** los once cuando llegó.*
Il devait être onze heures quand il est arrivé.

• exprimer le futur dans le passé.
*Dijiste que **vendrías** y no has venido.*
Tu as dis que tu viendrais et tu n'es pas venu.

• **Dans les subordonnées conditionnelles, il exprime des actions peu probables ou impossibles.**
*Si fuera rico, **daría** la vuelta al mundo.*
Si j'étais riche, je ferais le tour du monde.

Formes régulières

- Formation de l'imparfait de l'indicatif : radical + terminaisons de l'imparfait de l'indicatif.

Terminaisons des verbes réguliers

	Verbes terminés en	
	-ar	*-er* et *-ir*
yo	*-aba*	*-ía*
tú	*-abas*	*-ías*
él / ella / usted	*-aba*	*-ía*
nosotros / nosotras	*-ábamos*	*-íamos*
vosotros / vosotras	*-abais*	*-íais*
ellos / ellas / ustedes	*-aban*	*-ían*

MODÈLES

Voir tableaux 2, 3 et 4, pages 139-141.
Hablar : habl**aba**, habl**abas**, habl**aba**, habl**ábamos**, habl**abais**, habl**aban**
Beber : beb**ía**, beb**ías**, beb**ía**, beb**íamos**, beb**íais**, beb**ían**
Vivir : viv**ía**, viv**ías**, viv**ía**, viv**íamos**, viv**íais**, viv**ían**

Verbes irréguliers à l'imparfait

- Seuls trois verbes sont irréguliers en espagnol :
Ir (tableau 18), aller : *iba, ibas, iba, íbamos, ibais, iban*
Ser (tableau 37), être (essentiel) : *era, eras, era, éramos, erais, eran*
Ver (tableau 43), voir : *veía, veías, veía, veíamos, veíais, veían*

Emplois de l'imparfait de l'indicatif

L'imparfait de l'indicatif sert à :

• indiquer des actions qui se déroulent dans le passé sans préciser ni le début ni la fin.

*Pedro **trabajaba, comía** y **dormía**.*

Pierre travaillait, mangeait et dormait.

• la description, la narration et au récit.

*Mis padres **vivían** en Burgos y **tenían** una tienda.*

Mes parents habitaient à Burgos et ils tenaient un magasin.

• exprimer une action habituelle dans le passé.

*Cuando **salía** de casa **iba** a comprar el periódico.*

Quand il sortait de chez lui, il allait acheter le journal.

• exprimer une demande, une requête.

***Quería** pedirte algo.*

Je voulais te demander quelque chose.

Formes du gérondif

• **Formation du gérondif régulier :**
Verbes terminés en *-ar* : radical + *-ando*.
Verbes terminés en *-er* et *-ir* : radical + *-iendo*.
Le gérondif est invariable.
Modèles : voir tableaux 2, 3 et 4, pages 139-141.
Cantar, chanter → *cantando*, (en) chantant
Beber, boire → *bebiendo*, (en) buvant
Vivir, vivre, habiter → *viviendo*, (en) vivant

• **Les gérondifs irréguliers**
– **Decir** (tableau 13), dire : *diciendo* ; **dormir** (tableau 15), dormir : *durmiendo* ; **morir**, mourir : *muriendo* ; **pedir** (tableau 27), demander : *pidiendo* ; **poder** (tableau 30), pouvoir : *pudiendo* ; **reír** (tableau 33), rire : *riendo* ; **sentir** (tableau 36), sentir : *sintiendo* ; **venir** (tableau 42), venir : *viniendo*.
– **Caer** (tableau 8), tomber : *cayendo* ; **concluir** (tableau 9), conclure : *concluyendo* ; **ir** (tableau 18), aller : *yendo* ; **leer** (tableau 20), lire : *leyendo* ; **oír** (tableau 25), entendre : *oyendo* ; **traer** (tableau 40), apporter : *trayendo*.

Emplois du gérondif

Le gérondif espagnol correspond en français au participe présent précédé de **en** :
durmiendo, en dormant

Formes du participe passé

● **Formation du participe passé régulier :**
Verbes terminés en -*ar* : radical + -*ado*. *(cantado)*
Verbes terminés en -*er* et -*ir* : radical + -*ido*. *(bebido)*
Modèles : voir tableaux 2, 3 et 4, pages 139-141.

● **Les participes passés irréguliers**
– *Abrir*, ouvrir : *abierto ; cubrir*, couvrir : *cubierto ; decir*
(tableau 13), dire : *dicho ; escribir*, écrire : *escrito ; hacer*
(tableau 17), faire : *hecho ; morir*, mourir : *muerto ; poner*
(tableau 31), mettre : *puesto ; romper*, rompre : *roto ; ver*
(tableau 43), voir : *visto ; volver*, revenir : *vuelto.*
– *Caer* (tableau 8), tomber : *caído ; leer* (tableau 20), lire : *leído ;*
oír (tableau 25), entendre : *oído ; reír* (tableau 33), rire : *reído ;*
traer (tableau 40), apporter : *traído.*

Emplois du participe passé

● Le participe passé est utilisé dans la formation des temps composés de la voix active (voir Fiche 34). Dans cet emploi, il est toujours invariable.

● Le participe passé peut être utilisé comme adjectif, comme en français.
Es un niño amado. C'est un enfant aimé.

Règles générales

• En espagnol, le seul auxiliaire utilisé pour former les temps composés de la voix active est le verbe **haber**.
He venido. Je suis venu.

• Le participe passé des temps composés ne peut être séparé de l'auxiliaire **haber** par aucun mot.
He comido bien (et non pas *He bien comido*). J'ai bien mangé.

• Le participe passé conjugué avec **haber** est invariable.

Les principaux temps composés

• Passé composé
Formation : auxiliaire *haber* **au présent de l'indicatif + participe passé du verbe**
ha progresado
il a progressé

• Plus-que-parfait
Formation : auxiliaire *haber* **à l'imparfait de l'indicatif + participe passé du verbe**
habíamos cantado
nous avions chanté

• Passé antérieur
Formation : auxiliaire *haber* **au passé simple + participe passé du verbe**
hubieron querido
ils eurent aimé

• Futur antérieur

Formation : auxiliaire *haber* au futur + participe passé du verbe

habré comido

j'aurai mangé

• Conditionnel passé

Formation : auxiliaire *haber* au conditionnel + participe passé du verbe

habríais hecho

vous auriez fait

• Subjonctif passé

Formation : auxiliaire *haber* au subjonctif présent + participe passé du verbe

haya oído

qu'elle ait entendu

• Subjonctif plus-que-parfait

Formation : auxiliaire *haber* au subjonctif imparfait + participe passé du verbe

hubiera vivido

que j'eusse vécu

Temps composés de l'indicatif

• Le passé composé sert à exprimer des actions accomplies dans le passé et qui sont encore d'actualité dans le présent.

*Se cayó y se **ha roto** el brazo.*

Il est tombé et il s'est cassé le bras.

– Il s'accompagne souvent d'expressions temporelles telles que *hoy* (aujourd'hui), *esta mañana* (ce matin), *esta semana* (cette semaine), etc.

***Hemos ido** varias veces a Benidorm este año.*

Nous sommes allés plusieurs fois à Benidorm cette année.

• Le plus-que-parfait sert à exprimer une action achevée et antérieure à une autre action passée.

*Estaba muy cansado porque **había bailado** toda la noche.*

J'étais très fatigué parce que j'avais dansé toute la nuit.

• Le passé antérieur sert à exprimer une action isolée et achevée, immédiatement antérieure à une autre action.

*En cuanto **hubo acabado** de hacerlo, desapareció.*

Dès qu'il eut terminé de le faire, il disparut.

• Le futur antérieur sert à indiquer une action future par rapport au moment présent et également antérieure à une autre action.

*Dentro de dos horas, **habré terminado** el informe.*

Dans deux heures, j'aurai fini le rapport.

• Le conditionnel passé sert à exprimer la conjecture, la supposition dans le passé avec antériorité par rapport à une autre action passée.

*No comieron en casa esta noche, supongo que **habrían ido** al restaurante.*

Ils n'ont pas dîné ce soir chez eux, je suppose qu'ils ont dû aller au restaurant.

Temps composés du subjonctif

• Le passé du subjonctif sert à :

– exprimer une éventualité qui appartient au passé.

*Quizás **haya venido**.*

Il est peut-être venu.

– exprimer une action passée et terminée.

*No creo que lo **hayas hecho**.*

Je ne crois pas que tu l'aies fait.

• Le plus-que-parfait du subjonctif sert à exprimer une action passée par rapport à une autre action elle-même passée.

*No creo que **hubiera venido** con nosotros.*

Je ne crois pas qu'il serait venu avec nous.

– Dans les subordonnées conditionnelles, il exprime des hypothèses irréelles.

*Si te **hubiera conocido** antes, habría hecho una empresa contigo.*

Si je t'avais connu avant, j'aurais monté une entreprise avec toi.

Certains verbes, réguliers ou irréguliers, subissent des modifications orthographiques, soit pour garder le son final de la consonne du radical, soit pour suivre les règles d'orthographe.

Ces modifications affectent les consonnes, les voyelles ou l'accentuation écrite.

Un même verbe peut subir plusieurs modifications orthographiques en même temps.

Les verbes terminés en -car, -gar et -zar

La consonne du radical se modifie devant **-e** :
– à l'impératif : 3e personne du singulier, 1re et 3e personne du pluriel ;
– au subjonctif présent : toutes les personnes ;
– au passé simple : 1re personne du singulier.

Verbes terminés en	Modification devant -e	Modèles
-car	c → qu	Tocar, toucher
-gar	g → gu	Pagar, payer
-zar	z → c	Cazar, chasser

Tocar (impératif) : *toca, toque, toquemos, tocad, toquen*
Pagar (subjonctif présent) : *pague, pagues, pague, paguemos, paguéis, paguen*
Cazar (passé simple) : *cacé, cazaste, cazó, cazamos, cazasteis, cazaron*

Les verbes terminés
en -cer, -cir, -ger, -gir et -guir

La consonne du radical se modifie devant *-o* et *-a* :
– au présent de l'indicatif : 1re personne du singulier ;
– à l'impératif : 3e personne du singulier, 1re et 3e personne du pluriel ;
– au subjonctif présent : toutes les personnes.

Verbes terminés en	Modification devant -o et -a	Modèles
-cer	$c \rightarrow z$	*Vencer*, vaincre
-cir		*Esparcir*, répandre
-ger	$g \rightarrow j$	*Coger*, prendre
-gir		*Dirigir*, diriger
-guir	$gu \rightarrow g$	*Distinguir*, distinguer

Vencer (présent de l'indicatif) : *venzo, vences, vence, vencemos, vencéis, vencen*
Coger (impératif) : *coge, coja, cojamos, coged, cojan*
Distinguir (subjonctif présent) : *distinga, distingas, distinga, distingamos, distingáis, distingan*

Suppression ou modification du *i* de la terminaison

• Pour les verbes qui se terminent en *-ñer*, *-ñir*, *-ullir*, le *i* de la terminaison disparaît :
– au passé simple : 3e personne du singulier et du pluriel ;
– au subjonctif imparfait : à toutes les personnes ;
– au gérondif.

Verbes terminés en	Modèles
-ñer	*Tañer*, jouer
-ñir	*Bruñir*, polir, lustrer
-ullir	*Teñir*, teindre

Tañer : (passé simple) *tañó... tañeron* ; (imparfait du subjonctif) *tañera, tañeras, tañera...* ; (gérondif) *tañendo*.

• Pour quelques verbes, le *i* de la terminaison devient *y* :
– au passé simple : 3e personne du singulier et du pluriel ;
– au subjonctif imparfait : à toutes les personnes ;
– au gérondif.

Verbes terminés en	Modèles
-eer	*Leer*, lire
-aer	*Caer*, tomber
-üir	*Argüir*, déduire
-uir	*Concluir*, conclure

Leer : (passé simple) *leyó... leyeron* ; (imparfait du subjonctif) *leyera, leyeras, leyera...* ; (gérondif) *leyendo*.

Les modifications de l'accentuation

Lorsque le radical du verbe comporte une diphtongue et que l'accent tonique porte sur la voyelle faible (*i*, *u*), on parle de rupture de la diphtongue puisque celle-ci se décompose en deux syllabes.

Pour marquer cette rupture de la diphtongue, **on place un accent écrit sur la voyelle faible** :
– au présent de l'indicatif et du subjonctif : aux trois personnes du singulier et à la 3ᵉ personne du pluriel ;
– à l'impératif : aux deux personnes du singulier et à la 3ᵉ personne du pluriel.

Modèles	Situation	Modification
Aislar, isoler *Desviar*, dévier *Prohibir*, interdire	Lorsque le *i* du radical porte l'accent tonique, il y a rupture de la diphtongue.	$i \rightarrow í$
Actuar, agir, jouer un rôle *Maullar*, miauler	Lorsque le *u* du radical porte l'accent tonique, il y a rupture de la diphtongue.	$u \rightarrow ú$

Desviar : (indicatif présent) *desvío, desvías, desvía... desvían* ; (subjonctif présent) *desvíe, desvíes, desvíe... desvíen* ; (impératif) *desvía, desvíe... desvíen*.

Actuar : (indicatif présent) *actúo, actúas, actúa... actúan* ; (subjonctif présent) *actúe, actúes, actúe...* ; (impératif) *actúa, actúe... actúen*.

La construction pronominale

• **Formation : pronom complément (*me, te, se, nos, os, se*) + verbe conjugué.**
Lavarse, se laver (indicatif présent) : *me* lavo, *te* lavas, *se* lava, *nos* lavamos, *os* laváis, *se* lavan

ATTENTION

À l'impératif, à l'infinitif, au gérondif, les pronoms se mettent après le verbe et se soudent à celui-ci : c'est l'**enclise** (voir Fiche 16).
Lavarse, se laver : *lávate*, lave-toi ; *lavándose*, en se lavant

Les tournures affectives

Certains verbes qui expriment des sentiments ou des sensations se construisent différemment du français. Le pronom sujet français devient le pronom complément en espagnol et le complément français devient sujet du verbe en espagnol et détermine l'accord.
Me gustan las vacaciones. J'aime les vacances.
Le gusta el tenis. Il aime le tennis.
No nos gusta el cine. Nous n'aimons pas le cinéma.
¿Te gustan los caramelos? Aimes-tu les bonbons ?

REMARQUE

De nombreux verbes se conjuguent sur ce modèle :
me aburre, cela m'ennuie
me cae bien / mal, je (ne) le / la trouve (pas) sympathique
me chifla, j'en raffole / j'en suis dingue
me conviene, cela me va / me convient
me encanta, j'adore
me da igual, cela m'est égal

me extraña, cela m'étonne
me interesa, cela m'intéresse
me queda bien / mal, cela me va bien / mal
me vuelve loco, cela / il / elle me rend fou

Traduction de on

Construction	Sens	Exemples
On rendu par *se* + verbe à la 3e personne (sing. ou pl.)	Présente une réflexion d'ordre général, habituelle.	Ici **on mange** bien. *Aquí se come bien.* **On vend** des timbres. *Se venden sellos.*
On rendu par la 3e personne du pluriel.	Présente un fait anonyme. **On** = les gens.	**On dit** (**les gens** disent) que le gouvernement va changer. *Dicen que el gobierno va a cambiar.*
On rendu par *uno, una* + 3e personne du singulier.	Présente un fait où le locuteur s'engage sous couvert de **on**. **On** = je.	– Tu ne vas pas en ville ? – Non, **on** (= je) doit travailler. – *¿No vas a la ciudad?* – *No, uno tiene que trabajar.*
On rendu par la 1re personne du pluriel.	**On** = nous.	**On** (= nous) va à la plage. *Vamos a la playa.*

LES CONSTRUCTIONS
VERBALES (2)

Les différents aspects de l'action

Aspect de l'action	Construction verbale	Exemples
Commencement de l'action	**empezar a, comenzar a, ponerse a** + infinitif se mettre à, commencer à	*Por fin se puso a estudiar.* Enfin il s'est mis à étudier.
Durée dans l'action	**estar** + gérondif être en train de + infinitif	*Estamos comiendo.* Nous sommes en train de manger.
Progression dans l'action	**ir** + gérondif aller en + participe présent	*Las cosas van mejorando.* Les choses vont en s'améliorant (s'améliorent peu à peu).
Continuité dans l'action	**seguir** + gérondif continuer à + infinitif	*Sigue haciendo frío.* Il continue à faire froid.
Habitude dans l'action	**soler** + infinitif avoir l'habitude de + infinitif	*Suele llegar pronto.* Il a l'habitude d'arriver tôt.
Répétition de l'action	**volver a** + infinitif de nouveau, encore	*Ha vuelto a comprar otro libro.* Il a encore acheté un livre.
Action qui vient de s'achever	**acabar de** + infinitif venir de, finir de	*Acaba de llegar.* Il vient d'arriver.
Fin de l'action	**dejar de** + infinitif arrêter de + infinitif	*Ha dejado de fumar.* Il a arrêté de fumer.

L'expression de l'obligation

• **L'obligation impersonnelle**
Hay que + infinitif = Il faut + infinitif
Hay que trabajar. Il faut travailler.

Autres constructions
Es necesario (es preciso, hace falta) + infinitif = Il faut + infinitif
Es necesario (es preciso, hace falta) hacer ejercicios.
Il faut faire des exercices.

• **L'obligation personnelle**
Tengo que, tienes que, etc. + infinitif = Je dois, tu dois, etc. + infinitif
Tengo que ir a la ciudad. Je dois aller en ville.

Autres constructions
– Haber de (conjugué) + infinitif = Devoir + infinitif
He de saberlo antes de hacerlo. Je dois savoir avant de le faire.
– Deber (conjugué) + infinitif = Devoir + infinitif
Debemos marcharnos. Nous devons partir.
– Es preciso que (es necesario que, hace falta que) + subjonctif
= Il faut que je / tu, etc., + subjonctif
Es preciso (es necesario, hace falta) que le vea.
Il faut que je le voie.

ATTENTION

Ne pas confondre :
Deber + infinitif qui exprime l'obligation.
Debo hacerlo. Je dois le faire.

et

Deber de + infinitif qui exprime la probabilité.
Debe de estar enfermo. Il doit être malade.

Emplois de *ser*

Ser exprime l'idée d'existence d'une personne ou d'une chose et définit donc ses caractéristiques essentielles.

Il sert à :

• indiquer l'origine d'une personne.

Soy de Madrid. Je **suis** de Madrid.

• indiquer la profession, la nationalité, la religion, la classe sociale, etc.

Es un burgués. C'**est** un bourgeois.

• définir une personne ou une chose.

Es una mujer joven. C'**est** une femme jeune.

• exprimer l'existence d'un événement qui se déroule en un lieu.

La fiesta es en la plaza. La fête **a** lieu sur la place.

• exprimer un jugement sur la réalité.

Es verdad. C'**est** vrai. *Es malo.* C'**est** une mauvaise chose.

• demander et indiquer le prix.

¿Cuánto es? C'**est** combien ? *Son diez euros.* C'**est** dix euros.

• exprimer de manière générale l'heure, le jour de la semaine, la saison de l'année, etc.

¿Qué hora es? Quelle heure **est**-il ?

Emplois de *estar*

Estar exprime l'état et les circonstances dans lesquels se trouve une personne ou une chose et les situe dans l'espace et dans le temps.

Il sert à :

• exprimer une attitude, une activité, une fonction occupée par quelqu'un.

Está atento. Il **est** attentif. *Está de viaje.* Il **est** en voyage.
Está de profesor en Madrid. Il **est** professeur à Madrid.

• exprimer un état, un comportement, un état de santé.

Está muy contento. Il **est** très content.

Está muy bien. Il **va** très bien.

• situer dans l'espace et dans le temps.

Está aquí. Il **est** ici. *Está de pie.* Il **est** debout.

Está muy lejos. Il **est** très loin.

• exprimer une opinion, une intention.

Está a favor. Il **est** pour. *Está en contra.* Il **est** contre.

• exprimer avec précision la date, le mois, la saison de l'année.

Estamos a tres de julio. Nous **sommes** le 3 juillet.

Estamos en verano. Nous **sommes** en été.

Emploi de *ser* et *estar* avec modification de sens

• Le même adjectif utilisé avec **ser** ou **estar** peut changer de sens et exprimer soit un fait essentiel, soit un fait accidentel, c'est-à-dire lié aux circonstances.

ser claro, être clair (lumineux) → *estar claro,* être clair (compréhensible)

ser joven, être jeune (d'âge) → *estar joven,* être jeune (d'esprit, d'allure)

ser pobre, être pauvre (condition sociale) → *estar pobre,* être pauvre (n'avoir plus d'argent)

• Certains adjectifs changent radicalement de sens selon qu'ils sont utilisés avec **ser** ou avec **estar**.

ser delicado, être délicat → *estar delicado,* être souffrant

ser moreno, être brun → *estar moreno,* être bronzé

ser vivo, être vif d'esprit → *estar vivo,* être vivant

III. LA PHRASE SIMPLE

La phrase simple

• La phrase simple est constituée d'un ensemble de mots qui ne forment qu'une seule proposition.
Tiene hambre. Il a faim.

• La phrase simple ne comporte qu'un verbe. Son mode est l'indicatif, sauf pour la phrase impérative ou pour la phrase qui exprime un souhait.

• Les principales phrases simples sont les suivantes :
1. Phrase affirmative : *Tienes razón.* Tu as raison.
2. Phrase négative : *No entiendo nada.* Je ne comprends rien.
3. Phrase interrogative : *¿Cómo te llamas?* Comment t'appelles-tu ?
4. Phrase exclamative : *¡Qué chico más listo!* Quel garçon intelligent !
5. Phrase impérative : *Dime la verdad.* Dis-moi la vérité.
6. Phrase de souhait : *¡Que te vaya bien!* Bonne chance !

La phrase affirmative

• Dans cette phrase, on affirme la réalité ou la possibilité d'un fait.
Tienes razón, hace calor. Tu as raison, il fait chaud.

• Renforcement de l'affirmation avec **BIEN**
Placé en tête de phrase, il donne à l'affirmation une notion d'insistance.
Bien que lo sé. Je le sais très bien.

• Renforcement de l'affirmation avec **YA**
Placé en tête de phrase, il ajoute une nuance de force et de décision.
Ya lo creo. Je le pense bien.

• Renforcement de l'affirmation avec **SÍ (QUE)**
Il ajoute une valeur emphatique.
Sí que lo hago. Bien sûr que je le fais.

La phrase négative

• Cette phrase nie la réalité ou la possibilité d'un fait.
No entiendo. Je ne comprends pas.

• La phrase négative se construit de plusieurs manières :
– **No** + Verbe (ne... pas)
C'est l'élément de base de la négation.
No sé la respuesta. Je ne sais pas la réponse.

– **No** + Verbe + mots qui renforcent le sens négatif
– un adverbe, **nunca**, **jamás** (jamais) :
*No lo diré **nunca***. Je ne le dirai jamais.
– un pronom indéfini, **ninguno** (aucun), **nadie** (personne), **nada** (rien) :
*No compraré **nada***. Je n'achèterai rien.
– des locutions adverbiales, **en mi vida** (jamais de la vie), **en absoluto** (pas du tout), etc. :
*No le hablaré **en mi vida***. Je ne lui adresserai plus jamais la parole.

La phrase interrogative

• Avec la phrase interrogative, on attend une réponse à la question que l'on pose.

¿Cómo te llamas? Comment t'appelles-tu ?

• Dans la langue écrite, l'interrogation est encadrée par le point d'interrogation inversé là où commence l'interrogation et le point d'interrogation à l'endroit en fin de phrase.

¿Qué vas a hacer? Que vas-tu faire ?

• De manière générale, dans la phrase interrogative, le sujet est placé après le verbe.

¿Fuiste tú a verlo? Es-tu allé le voir ?

• Les mots interrogatifs portent toujours l'accent écrit même si l'interrogation est indirecte.

Dime qué día es hoy. Dis-moi quel jour nous sommes.

¿Qué? que ? / quoi ? / quel ?	**¿Qué pasa?** Que se passe-t-il ?
¿Quién? / ¿Quiénes? qui ?	**¿Quién es él?** Qui est-il ?
¿Cuál? / ¿cuáles? quel ? / lequel ?, etc.	**¿Cuál prefieres?** Lequel préfères-tu ?
¿Cuánto? / ¿cuánta? / ¿cuántos? / ¿cuántas? combien ?	**¿Cuántos somos?** Combien sommes-nous ?

- *Qué* est invariable ; *quién* et *cuál* peuvent se mettre au pluriel ; *cuánto* s'accorde avec le nom qu'il remplace.

- De nombreux mots peuvent prendre la forme interrogative :
¿Dónde?, ¿adónde?, où ?
¿Adónde vas? Où vas-tu ?
¿Cuándo?, quand ?
¿Cuándo vienes? Quand viens-tu ?
¿Cómo?, comment ?
¿Cómo te llamas? Comment t'appelles-tu ?
¿Por qué?, pourquoi ?
¿Por qué no viene? Pourquoi ne vient-il pas ?

La phrase impérative

- La phrase impérative exprime l'ordre et l'interdit. Elle peut être à la forme affirmative ou négative.
Haga esto. Faites ceci.
No lo haga. Ne le faites pas.

- Verbe à l'impératif : voir Fiche 27.

La phrase exclamative

• La phrase exclamative exprime un sentiment.
¡Qué ordenador más más bonito tienes! Quel joli ordinateur tu as !

• Les points d'exclamation ¡...! encadrent la phrase exclamative et les mots exclamatifs portent un accent écrit.

¡Qué! quel / quelle / comme... !	*¡Qué ciudad tan bonita!* Quelle jolie ville !
¡Quién! qui / si seulement !	*¡Quién lo hubiera creído!* Qui l'eût cru !
¡Cuánto! / ¡cuánta! / ¡cuántos! / ¡cuántas! combien / comme / que de... !	*¡Cuánta gente!* Que de monde !

• Construction de la phrase exclamative avec verbe
¡*Qué* + adjectif + verbe!
¡Qué simpático eres! Comme tu es sympathique !

• Construction de la phrase exclamative sans verbe
¡*Qué* + nom + *tan* ou *más* + adjectif!
¡Qué día más bonito! Quel beau jour !

• De nombreux mots peuvent prendre la forme exclamative :
¡Cómo!, comme, combien !
¡Cómo viven! Comme ils vivent !
¡Menudo / a!, quel !
¡Menudo trabajo! Quel (sacré) travail !
¡Vaya!, quel !
¡Vaya frío! Quel froid !
etc.

La phrase qui exprime un souhait

Elle se construit avec : ¡*Que* + présent du subjonctif!

¡*Que aproveche!* Bon appétit !

¡*Que descanses!* Repose-toi bien !

¡*Que duermas bien!* Dors bien !

¡*Que te diviertas! ¡Que te lo pases bien!* Amuse-toi bien !

¡*Que te mejores!* Je te souhaite un prompt rétablissement !

¡*Que te vaya bien!* Bonne chance !

¡*Que tengas buen viaje!* Bon voyage !

¡*Que tengas suerte!* Bonne chance !

Les adverbes sont des mots invariables qui modifient le sens de l'adjectif, du verbe, d'autres mots ou d'une phrase entière.
*Me lo he pasado **muy** bien.* Je me suis **beaucoup** amusé.
Contrairement au français, dans les temps composés, l'adverbe ne peut pas se mettre entre le verbe et le participe passé.
*He comido **muy** bien.* J'ai **très** bien mangé.

Les adverbes de manière

• Les adverbes de manière sont, pour l'essentiel, ceux qui se terminent en **-mente**. On ajoute **-mente** à la forme féminine de l'adjectif, s'il en a une, ou à sa forme unique.
lento, lent → *lenta* → *lentamente,* lentement
fácil, facile → *fácilmente,* facilement

• Lorsque plusieurs adverbes se suivent, seul le dernier prend la terminaison en **-mente**. Les autres gardent la forme féminine de l'adjectif.
Habla clara y correctamente. Il parle clairement et correctement.

REMARQUE

D'autres adverbes de manière : *despacio*, lentement ; *mal*, mal ; *adrede*, à dessein, exprès ; *así*, ainsi ; *bien*, bien ; *aprisa, a prisa, deprisa, de prisa*, vite ; etc.

Les adverbes de quantité

• **Muy** (très) et **mucho** (beaucoup)
– **Muy** s'emploie devant les adjectifs, les participes et les autres adverbes.
*Es **muy** listo.* Il est **très** intelligent.

– ***Mucho*** s'emploie après les verbes ou devant les noms (avec lesquels il s'accorde).

*Te quiero **mucho**.* Je t'aime **beaucoup**.

• ***Tan / tanto*** (si, aussi, autant) et ***sólo*** (seulement)

– ***Tan*** s'emploie devant les adjectifs, les participes ou les adverbes.

*No te pongas **tan** delante.* Ne te mets pas si en avant.

– ***Tanto*** s'emploie après les verbes.

*Me lo dice **tanto**.* Il me le dit tellement.

– ***Sólo***, seulement = ***no más que, no... sino, solamente***.

*Estudia **sólo** por las noches.*
*No estudia **más que** por las noches.*   } Il étudie seulement la nuit.
Solamente estudia por las noches.

• **D'autres adverbes de quantité :** *además*, en plus ; *algo*, un peu ; *apenas*, à peine ; *bastante*, assez ; *casi*, presque ; *cuan / cuanto*, si / combien / tellement ; *demasiado*, trop ; *más*, davantage / plus ; *menos*, moins ; *nada*, rien ; *poco*, peu ; *únicamente*, uniquement...

ATTENTION

1 Veillez à la traduction de certaines expressions telles que :

Il fait **très** chaud. *Hace **mucho** calor.*

Il a **très** faim/soif. *Tiene **mucha** hambre/sed.*

Il a **très** peur. *Tiene **mucho** miedo.*

Il a **très** mal à la tête. *Le duele **mucho** la cabeza.*

2 ***Solo*** peut être adjectif et ne porte pas d'accent écrit.

Él estudia solo. Il étudie tout **seul**.

Toutefois, lorsque il peut être interprété à la fois comme adjectif ou comme adverbe, pour lever l'ambiguïté, on mettra obligatoirement l'accent écrit dans la forme adverbiale.

Me quedaré solo una semana. Je resterai tout seul une semaine.
Me quedaré sólo una semana. Je resterai uniquement une semaine.

Les adverbes de lieu

• *Aquí*, *ahí*, *allí*, *allá* expriment une idée de proximité ou d'éloignement par rapport à la personne qui parle. Ils sont étroitement liés aux démonstratifs et ils situent dans l'espace et dans le temps.

Adverbes	Emploi	Exemples
aquí, acá, ici	Désignent un lieu proche de celui qui parle.	*Siéntate aquí.* Assieds-toi ici.
ahí, là	Désigne un lieu intermédiaire.	*Siéntate ahí.* Assieds-toi là.
allí, allá, là-bas	Désignent un lieu éloigné de celui qui parle.	*Siéntate allí.* Assieds-toi là-bas.

• D'autres adverbes de lieu :

abajo, en bas	*atrás*, en arrière
adelante, en avant	*cerca*, près
adentro, dedans	*debajo*, dessous / sous
afuera, dehors	*delante*, devant
ahí, là	*dentro*, dedans
allí, là-bas	*detrás*, derrière
allá, là-bas	*encima*, dessus / sur
alrededor, autour	*enfrente*, en face
aquí / acá, ici	*fuera*, dehors
arriba, en haut	*lejos*, loin

Les adverbes de temps

• **Nunca** et **jamás** (jamais)
– On les emploie indifféremment. **Nunca** est plus fréquent.
Ils ont une double construction : ils se construisent sans la négation **no** quand ils précèdent le verbe et avec la négation quand ils le suivent.
Nunca viene. ou *No viene nunca.* Il ne vient jamais.
– **Nunca jamás** signifie **jamais de la vie**, **au grand jamais**.

• **Ya** (déjà / bien)
– L'adverbe **ya** se traduit normalement par **déjà**, mais il peut se traduire également par **bien**, **maintenant**, **bientôt**, etc., selon les cas.
¿Ha venido ya? Est-il **déjà** arrivé?
Ya me siento más tranquilo. Je me sens plus calme **maintenant**.
– **Ya no** ou **no... ya** = ne... plus
Ya no están aquí. / No están ya aquí. Ils **ne** sont **plus** là.

• D'autres adverbes de temps :

ahora, maintenant	*hoy*, aujourd'hui
anoche, hier soir	*luego*, puis / plus tard
antaño, jadis	*nunca / jamás*, jamais
anteanoche, avant-hier soir	*pronto*, bientôt / vite
anteayer, avant-hier	*siempre*, toujours
antes, avant	*tarde*, tard
aún, encore	*temprano*, tôt / de bonne heure
después, après / ensuite	*todavía*, encore
entonces, alors	*ya*, déjà / à présent

Adverbes d'affirmation

claro, bien sûr	*seguro*, sûrement
efectivamente,	*sí*, oui
bien sûr / en effet	*también*, aussi
por supuesto, bien entendu	*sin duda*, sans doute
por cierto, certainement	

*Miguel viene con nosotros, Tomás **también**.*
Miguel vient avec nous, Thomas **aussi**.
***Seguro** que se le ha escapado el tren.*
Il a **sûrement** raté son train.

Adverbes de négation

jamás, jamais	*no*, non
ni siquiera, pas même	*nunca*, jamais
ni muchos menos,	*tampoco*, non plus
pas le moins du monde	

*Silvia **no** sabe la verdad.* Sylvie **ne** sait **pas** la vérité.
***Jamás** vendrás.* Tu ne viendras **jamais**.
***Ni siquiera** me vio.* Il ne m'a **même pas** vu.
*Gloria **no** tiene ordenador. Y Marta **tampoco**.*
Gloria n'a **pas** d'ordinateur. Et Marthe **non plus**.

Renforcement de l'affirmation et de la négation

• ***Claro que sí***, mais si, bien sûr que oui / ***Claro que no***, mais non, bien sûr que non

-¿Has bebido alcohol antes de conducir? – ¡Claro que no!
– As-tu bu de l'alcool avant de conduire ? – **Bien sûr que non !**
-¿Te has duchado esta mañana? – ¡Claro que sí!
– T'es-tu douché ce matin ? – **Bien sûr !**

• ***Que sí***, mais si / ***Que no***, mais non
-¿Vendrás con nosotros? –¡Que sí!
–Viendras-tu avec nous ? – **Bien sûr !**

• ***Sí que*** + verbe, bien sûr que...
Sí que lo haré. **Bien sûr** que je le ferai.

Adverbes de doute

a lo mejor, peut-être	*quizá / quizás*, peut-être
acaso, peut-être	*tal vez*, peut-être
más bien, plutôt	

Acaso dice la verdad. Il dit **peut-être** la vérité.
Quizá cante. Elle chantera **peut-être**.

ATTENTION

Le doute s'exprime avec les adverbes *tal vez*, *acaso*, *quizás*, *a lo mejor* qui signifient **peut-être** et que l'on peut utiliser indifféremment.
A lo mejor est toujours suivi de l'indicatif.

A lo mejor viene. Il vient peut-être.

Les prépositions sont des mots invariables qui mettent en relation plusieurs éléments d'une proposition (un nom, un verbe, un adjectif, un adverbe) avec leur complément correspondant.

Les prépositions simples

a, à	*de*, de	*excepto*, sauf	*por*, par
ante, devant / face à	*desde*, dès / depuis	*hacia*, vers	*salvo*, sauf
		hasta, jusqu'à	*según*, selon
bajo, sous	*durante*, pendant	*mediante*, moyennant	*sin*, sans
con, avec			*sobre*, sur
contra, contre	*en*, en	*para*, pour	*tras*, derrière / après
	entre, entre		

Les prépositions composées

Beaucoup d'adverbes, notamment de lieu, suivis d'une préposition, forment une préposition composée : *alrededor de*, autour de ; *debajo de*, en dessous de ; *encima de*, au-dessus de, etc.
*Alfredo siempre aparca **delante de** casa.*
Alfredo se gare toujours **devant** la maison.

Emplois des principales prépositions

• La préposition *a*
– Elle est obligatoire devant un complément d'objet direct représentant une personne ou un animal déterminé.
*He visto **a** Juan.* J'ai vu Juan.
– Elle est obligatoire après un verbe qui indique le mouvement.
*Voy **al** cine.* Je vais **au** cinéma.

• La préposition **de**
– Elle exprime l'origine et la provenance.
Es de Madrid. Il est **de** Madrid.
– Elle exprime la propriété et l'appartenance.
Este disco es de Pedro. Ce disque est **à** Pierre.
– Elle indique la matière d'une chose.
La regla es de metal. La règle est **en** métal.

• La préposition **en**
– Elle indique un lieu, une situation.
El museo está en el centro de la ciudad. Le musée est **au** centre-ville.
– Elle situe dans le temps.
En aquella época éramos muy amigos.
En ce temps-là, nous étions très amis.

• La préposition **para**
– Elle exprime le but, l'usage, la destination.
Este regalo es para ti. Ce cadeau est **pour** toi.
– Elle exprime un point de vue, une opinion.
Para mí, es la mejor novela. **Pour** moi, c'est le meilleur roman.
– Elle indique la direction que l'on prend.
Se fue para Cuba. Il est parti **à** Cuba.

• La préposition **por**
– Elle indique le lieu par où l'on passe.
Anda por la calle. Il marche **dans** la rue.
– Elle sert à exprimer la cause.
Se cayó por distraído. Il est tombé **parce qu**'il était distrait.
– Elle exprime une idée d'échange.
Te lo doy por un euro. Je te le donne **pour** un euro.
– Elle exprime la finalité d'une action.
Todo eso por no ir al colegio. Tout cela **pour** ne pas aller à l'école.

IV. LA PHRASE COMPLEXE

Une phrase complexe est une phrase qui contient plusieurs verbes conjugués, donc plusieurs propositions. Celles-ci peuvent être :

– **juxtaposées** : *Soy mejicana, tengo veinte años.*

Je suis mexicaine, j'ai vingt ans.

– **coordonnées** : *Soy mejicana y tengo veinte años.*

Je suis mexicaine et j'ai vingt ans.

– **subordonnées** : $\underbrace{\textit{Quería}}$ $\underbrace{\textit{que los niños se quedaran en casa.}}$
proposition   proposition subordonnée
principale

     Elle voulait que les enfants restent à la maison.

Une proposition subordonnée est en relation avec la proposition principale de la phrase.

Choix du mode de la subordonnée

• **L'emploi du mode indicatif**

Le mode indicatif est le mode de la réalité. Il exprime la certitude et l'objectivité. Il constate des faits réalisés.

Sé lo que pasa. Je sais ce qui se passe.

Creo que tiene razón. Je pense qu'il a raison.

Ne le vi porque no vino. Je ne l'ai pas vu parce qu'il n'est pas venu.

• **L'emploi du mode subjonctif**

Le mode subjonctif est le mode de l'éventualité, des faits non encore réalisés. Il exprime le doute, l'hypothèse, les jugements de valeur.

Deseo que lo haga pronto. Je souhaite qu'il le fasse rapidement.

Temo que me olvides. Je crains d'être oublié.

La concordance des temps

• Lorsque la subordonnée est à l'indicatif, le temps de cette subordonnée peut être à tous les temps de l'indicatif sauf au passé antérieur.

• Lorsque la subordonnée est au subjonctif, le temps de la subordonnée dépend du temps de la principale, en suivant les règles de la concordance des temps.

Verbe principal (indicatif)	Verbe subordonné (subjonctif)	Exemples
Présent Futur Impératif	Présent du subjonctif	*Dudo, dudaré que lo sepa.* Je doute, douterai qu'il le sache. *Haz lo que puedas.* Fais ce que tu pourras.
Imparfait Passé simple Plus-que-parfait Conditionnel présent ou passé	Imparfait du subjonctif	*Dudaba, dudé, había dudado, dudaría, habría dudado que lo supiera.* Je doutais, ai douté, avais douté, douterais, aurais douté qu'il le sache.

REMARQUE

Si l'action de la subordonnée est antérieure à celle de la principale, le verbe de la subordonnée se met au subjonctif passé ou au plus-que-parfait du subjonctif.

*Le gusta que lo **hayas hecho**.* Cela lui fait plaisir que tu l'aies fait.

*Le gustaba que lo **hubieras hecho**.* Cela lui faisait plaisir que tu l'aies fait.

La proposition complétive est introduite par **QUE**. Elle peut être à l'indicatif ou au subjonctif.

La proposition complétive se met à l'indicatif lorsque le locuteur exprime une certitude ou qu'il affirme l'existence d'un fait.

Estoy seguro de que viene a verme.
Je suis sûr qu'il vient me voir.

Emplois du subjonctif

• Lorsque le verbe de la principale est à la forme négative.
No creo que tenga razón. Je ne crois pas qu'il ait raison.

• Lorsque le verbe de la principale exprime le doute, la possibilité.
Dudo que venga. Je doute qu'il vienne.

• Lorsque le verbe de la principale est un verbe de volonté, d'ordre, de défense, de prière, etc.
(*querer,* vouloir ; *decir,* dire ; *mandar,* ordonner ; *rogar,* prier ; *aconsejar,* conseiller ; *prohibir,* interdire ; etc.)
Te aconsejo que vayas. Je te conseille d'y aller.

• Lorsque le verbe de la principale exprime un sentiment ou un jugement de valeur.
(*me gustaría que,* j'aimerais que ; *lamento que,* je regrette que ; *es injusto que,* il est injuste que ; *es lógico que,* il est logique que ; *es mejor que,* il vaut mieux que ; *es posible que,* il est possible que ; *es natural que,* il est naturel que ; *es una suerte que,* c'est une chance que ; *es una vergüenza que,* c'est une honte que ; *más vale que,* il vaut mieux que ; *parece mentira que,* c'est incroyable que ; etc.)
Es posible que todo vaya mejor. Il est possible que tout aille mieux.

• Lorsque le verbe de la principale exprime une obligation personnelle.
(*es necesario que, es preciso que, hace falta que*, il faut que ; *es indispensable que*, il est indispensable que, etc.)
Hace falta que el lunes esté allí. Il faut que je sois là-bas lundi.

Choix du mode dans les complétives introduites par une construction impersonnelle

• Lorsque les expressions impersonnelles expriment un jugement de valeur on les construit avec le **subjonctif**.
(*basta (con) que*, il suffit que ; *es lógico que*, il est logique que ; *es mejor que*, il est préférable que ; *es natural que*, il est naturel que ; *es posible que*, il est possible que ; *es probable que*, il est probable que ; *más vale que*, il vaut mieux que ; *parece mentira que*, c'est incroyable que, etc.)
Es natural que tomes vacaciones.
Il est naturel que tu prennes des vacances.

• Lorsque les expressions impersonnelles se limitent à constater un fait on les construit avec l'**indicatif**.
(*es evidente que*, il est évident que ; *es seguro que*, il est sûr que ; *está demostrado que*, il est évident que ; *está visto que*, il est certain que ; *ocurre que*, il arrive que ; *sucede que*, il arrive que ; etc.)
Es seguro que vendrá. Il est sûr qu'il viendra.

• Lorsque ces expressions sont négatives elles entraînent automatiquement le **subjonctif**.
No es seguro que lo sepa. Ce n'est pas sûr qu'il le sache.

Les subordonnées de cause et de conséquence

Elles sont le plus souvent à l'indicatif parce qu'elles expriment un fait réel, une action réalisée.

• Les subordonnées de cause sont introduites par les locutions suivantes :

como	comme, étant donné que
dado que, puesto que, ya que	puisque, étant donné que, du moment que
en vista de que	étant donné que, vu que
porque	parce que

etc.

Como no estamos seguros, vamos a comprobarlo.
Étant donné que nous n'en sommes pas sûrs nous allons vérifier.

• Les subordonnées de conséquence sont introduites par les locutions suivantes :

así que	si bien que, de telle sorte que
de manera que, de modo que, de tal modo que	de telle sorte que, de telle manière que
tan(to) que	tellement... que

etc.

Ha trabajado tanto que se ha puesto enfermo.
Il a tellement travaillé qu'il s'est rendu malade.

Les subordonnées de but

- Elles sont toujours au subjonctif.
- Elles sont introduites par les locutions suivantes :

a fin de que	afin que
de forma que, de modo que, de manera que	de sorte que, de manière que
para que	pour que
por miedo a que	de peur que

Te lo digo para que lo sepas. Je te le dis pour que tu le saches.

Les subordonnées comparatives conditionnelles

- Elles sont toujours au subjonctif.
- Elles sont introduites par les locutions suivantes :

como si	comme si	suivies de l'imparfait du subjonctif
igual que si	de la même façon que si	

Me lo explica como si no entendiera.
Il me l'explique comme si je ne comprenais pas.

- Autres locutions qui sont suivies du subjonctif :
a condición de que, à condition que ; *a no ser que*, à moins que ;
con tal de que, pourvu que ; *en caso de que*, au cas où ; *por poco que*, pour peu que ; *sin que*, sans que.
Te lo diré con tal de que me dejes en paz.
Je te le dirai à condition que tu me laisses tranquille.

115

Les subordonnées de temps et de concession sont suivies de l'indicatif ou du subjonctif, suivant les cas.
– Quand le verbe de la subordonnée exprime une action réalisée ou en cours de réalisation par rapport à l'action de la principale, il se met à l'indicatif.
– Quand le verbe de la subordonnée exprime une action non réalisée par rapport à l'action de la principale, il se met au subjonctif.

Les subordonnées de temps

Elles sont introduites par les locutions suivantes :

a medida que	au fur et à mesure que
así que	dès que
cada vez que	à chaque fois que
conforme	au fur et à mesure que
cuando	quand
en cuanto	dès que
hasta que	jusqu'à ce que, en attendant que
mientras	quand
siempre que	à chaque fois que
tan pronto como	dès que, aussitôt que

etc.
En cuanto se despierta, se pone a llorar.
Dès qu'il se réveille, il se met à pleurer.
En cuanto se despierte, se pondrá a llorar.
Dès qu'il se réveillera, il se mettra à pleurer.

Les subordonnées de concession

Elles sont introduites par les locutions suivantes :

aunque	quoique, bien que, même si
aun cuando	
a pesar de que	
por más que	il a beau être
por mucho (más) que	

etc.

Aunque tiene razón, no haré lo que me dice.
Bien qu'il ait raison, je ne ferai pas ce qu'il me dit.
Aunque tenga razón, no haré lo que me dice.
Même s'il a raison, je ne ferai pas ce qu'il me dit.

La subordonnée de condition introduite par *si*

• Lorsque la condition est réalisée ou réalisable, la subordonnée est à l'indicatif.

Forme de condition	Verbe de la subordonnée	Verbe de la principale	Exemples
Condition réalisée	Indicatif (temps du passé)	Indicatif (temps du passé)	*Si podía, lo hacía.* S'il pouvait, il le faisait.
Condition réalisable	Indicatif présent	Indicatif : présent, futur, impératif	*Si viene, no dice nada, no dirá nada, etc.* S'il vient, il ne dit rien, il ne dira rien, etc.

• Lorsque la condition est irréalisée ou irréalisable, la subordonnée est au subjonctif.

Forme de condition	Verbe de la subordonnée	Verbe de la principale	Exemples
Condition irréalisable	Subjonctif imparfait	Conditionnel simple	*Si viniera, no diría nada.* S'il venait, il ne dirait rien.
Condition irréalisée	Subjonctif plus-que-parfait	Conditionnel Subjonctif plus-que-parfait	*Si hubiera venido, no diría / no habría dicho / no hubiera dicho nada.* S'il était venu, il n'aurait rien dit.

Autres manières d'exprimer la condition

• Avec le **gérondif**
Portándote así nunca tendrás amigos.
Si tu continues à agir de cette manière, tu n'auras jamais d'amis.

• Avec *de* + infinitif
De saberlo, te lo diría. Si je le savais, je te le dirais.

• Avec *por si* ou *por si acaso* + **indicatif**
Me quedaré en casa por si viene alguien.
Je resterai à la maison au cas où quelqu'un viendrait.

• Avec *como* + **subjonctif**
Como no me lo diga, me enfado. S'il ne me le dit pas, je me fâche.

La proposition relative

• La proposition relative ajoute au nom qui est son antécédent un élément qualificatif.
una chica miedosa, une fille peureuse → *una chica que tiene miedo,* une fille qui a peur

• Les propositions relatives sont introduites par les pronoms relatifs (voir Fiche 17).

• Le relatif *que* représente une personne ou une chose.
Los libros que estamos leyendo.
Les livres que nous sommes en train de lire.
El padre que mira a su hijo. Le père qui regarde son enfant.

• Le relatif *donde* s'utilise pour identifier ou décrire le lieu dont on parle.
El apartamento donde vivo. L'appartement où j'habite.
El restaurante es el lugar donde se come.
Le restaurant est le lieu où l'on mange.

Règles

• Le style indirect consiste à rapporter les propos tenus par quelqu'un. Ces propos sont transposés dans une subordonnée dont le temps du verbe dépend du temps du verbe d'introduction.

• Le passage au style indirect entraîne également des changements de personne, de pronom et d'adverbe.

Style direct	Style indirect
*"No **me** voy."* « Je ne pars pas. »	*Dice que no **se** va.* Il dit qu'il ne part pas.
*"**Mi** hermano no viene."* « Mon frère ne vient pas. »	*Dice que **su** hermano no viene.* Il dit que son frère ne vient pas.
*"Me gusta estar **aquí**."* « J'aime être ici. »	*Dice que le gusta estar **ahí**.* Il dit qu'il aime être là.

Verbe d'introduction au présent

Si le verbe d'introduction est au présent de l'indicatif, le temps de la subordonnée est le même au style indirect qu'au style direct.

"Sueño con viajes." → *Dice que sueña con viajes.*
« Je rêve de voyages. » → Il dit qu'il rêve de voyages.

EXCEPTION

L'impératif du style direct se transforme en subjonctif dans le style indirect.

"Ven aquí." → *Dice que vengas aquí.*
« Viens ici. » → Il te dit de venir ici.

Verbe d'introduction au passé

• Si le verbe d'introduction est au passé, il n'y a aucun changement de temps à l'imparfait, au plus-que-parfait ou au conditionnel.

"(Él) venía / había venido / vendría cada día."
« Il venait / il était venu / il viendrait chaque jour. »
Dijo que venía / había venido / vendría todos los días.
Il a dit qu'il venait / qu'il était venu / qu'il viendrait chaque jour.

• Dans les autres cas il y a des changements de temps.

– Présent de l'indicatif → Imparfait
"Tengo calor."   *Dijo que tenía calor.*
« J'ai chaud. »   Il a dit qu'il avait chaud.

– Passé composé → Plus-que-parfait
"He viajado mucho."   *Dijo que había viajado mucho.*
« J'ai beaucoup voyagé. » Il a dit qu'il avait beaucoup voyagé.

– Passé simple → Plus-que-parfait ou passé simple
"Fui al cine."
« Je suis allé au cinéma. » *Dijo que había ido / fue al cine.*
                     Il a dit qu'il était allé au cinéma.

– Futur → Conditionnel
"Iré de vacaciones."   *Dijo que iría de vacaciones.*
« J'irai en vacances. »   Il a dit qu'il irait en vacances.

– Impératif → Imparfait du subjonctif
"Cállate."   *Dijo que te callaras.*
« Tais-toi. »   Il t'a dit de te taire.

• Lorsque le verbe de la subordonnée exige le mode subjonctif, on applique les règles de la concordance des temps.

121

V. PRONONCER

La prononciation de l'espagnol

a	/a/	*cama*
b	/b/	*bravo*
c	• /θ/ devant e, i	*cero, cima*
	• /k/ devant a, o, u	*caza, cosa, cuna*
ch	/tʃ/	*muchacho*
d	/d/	*dedo*
e	/e/	*tele*
f	/f/	*faro*
g	• /x/ devant e	*gente, gira*
	• /g/ devant a, o, u	*gato, goma, gula*
h	ne se prononce pas	*ahora*
i	/i/	*mi*
j	/x/	*jardín*
k	/k/ devant e, i	*kilo*
l	/l/	*lado*
ll	/ʎ/	*llave*
m	/m/	*mama*
n	/n/	*no*
ñ	/ɲ/	*niño*
o	/o/	*sol*
p	/p/	*papa*
q suivie de u	/k/ devant e, i	*queso, quién*
r	• /r/ entre voyelles, devant un consonne, derrière une consonne (sauf s, l), à la fin d'un mot	*cara, pero, árbol, ir*
	• /F/ au début d'un mot, derrière les consonnes s, l, n	*rabia, alrededor*

s	/s/	*solo*
t	/t/	*tierra*
u	/u/	*tu*
v	/b/	*vaca*
w	/b/	*watt*
x	• /ks/ • /x/ dans certains mots	*taxi* *Méjico*
y	• /ĵ/ au début ou l'intérieur d'un mot • /i/ à la fin d'un mot	*yo, ayer* *rey*
z	/θ/ devant a, o, u	*zapato, trozo, zumo*

L'alphabet espagnol

• L'alphabet espagnol comprend vingt-neuf lettres qui se disent de la façon suivante.

a /a/	f /efe/	l /ele/	p /pe/	v /uve/
b /be/	g /ge/	ll /elle/	q /cu/	w /uve doble/
c /ce/	h /hache/	m /eme/	r /erre/ /re/	x /equis/
ch /che/	i /i/	n /ene/	s /ese/	y /i griega/
d /de/	j /jota/	ñ /eñe/	t /te/	z /ceta/ /zeta/
e /e/	k /ka/	o /o/	u /u/	

• Toutes les lettres en espagnol sont féminines : *la a, la be...*

• Les consonnes ne sont pas redoublées sauf *c, n, r* : *lección* (leçon), *innumerable* (innombrable), *carro* (charriot).

• Le signe « ~ » s'appelle la « tilde ». Il est utilisé uniquement pour former la lettre *ñ*.

La syllabe

La syllabe est un ensemble d'un ou de plusieurs sons (une voyelle ; plusieurs voyelles ; une voyelle et une consonne, etc.) qui se prononcent en une seule émission de voix.

REMARQUES

1 Toutes les lettres se prononcent à l'exception du *h*, toujours muet.

2 Le *u* est toujours muet dans les groupements *gue*, *gui* et *que*, *qui*.

guerra (guerre), *guitarra* (guitare), *queso* (fromage), *quince* (quinze)

3 Le tréma (la *diéresis*) qui surmonte le *u* indique que les deux voyelles doivent être prononcées séparément.

antigüedad : an – ti – gü – e – dad

Les diphtongues

• Voyelles fortes : *a, e, o*. Voyelles faibles : *i, u*.

• La diphtongue est l'union de deux voyelles qui se prononcent en une seule syllabe :
– une voyelle forte et une voyelle faible : *baile* (danse) ;
– une voyelle faible et une voyelle forte : *guapo* (joli) ;
– deux voyelles faibles : *ciudad* (ville), *cuidado* (soin).

• Les différentes combinaisons des voyelles donnent quatorze diphtongues :

ai → *fraile,* moine

au → *aula,* salle de classe

ei → *veinte,* vingt

eu → *Europa,* Europe

oi → *oigo,* j'entends

ou → *Salou* (seulement dans les toponymes catalans ou galiciens)

iu → *viuda,* veuve

ui → *ruina,* ruine

ie → *siesta,* sieste

io → *colegio,* collège

ua → *agua,* eau

ue → *juego,* jeu

uo → *cuota,* cotisation

ia → *historia,* histoire

• L'union de deux voyelles fortes forme deux syllabes différentes.

aéreo : a – é – re – o

Les triphtongues

La triphtongue est l'union de trois voyelles (une voyelle forte accentuée entre deux voyelles faibles) qui se prononcent en une seule syllabe.

iais → *a – nun – ciáis*

uei → *a – tes – ti – güéis*

uey → *buey*

uay → *Pa – ra – guay*

Tous les mots de plus d'une syllabe comportent, dans leur prononciation, une syllabe qui se distingue des autres par une plus forte émission de voix. C'est l'accent tonique.

agua (eau), *señor* (monsieur), *papeles* (papiers), *joven* (jeune)

Place de l'accent tonique

• Lorsqu'un mot est terminé par une **voyelle**, par *n* ou par *s*, l'accent tonique tombe sur l'avant-dernière syllabe.

piso (appartement), *esperan* (ils attendent), *señores* (messieurs)

• Lorsqu'un mot est terminé par une consonne autre que *n* ou *s*, l'accent tonique tombe sur la dernière syllabe.

pared (mur), *papel* (papier), *terror* (terreur)

ATTENTION

1 Les mots qui ne respectent pas ces règles de placement de l'accent tonique en fonction de leur dernière lettre portent un accent écrit à l'endroit de l'accent tonique.

mamá (maman), *café* (café), *montón* (tas), *decís* (vous dites)

2 Ainsi, quand un mot est accentué sur l'antépénultième syllabe (l'avant-dernière), celle-ci porte toujours l'accent écrit.

sílaba (syllabe), *pájaro* (oiseau), *paréntesis* (parenthèse)

3 L'accent tonique est ainsi parfois marqué par un accent écrit qui peut servir à différencier les mots.

hábito / *habitó,* habitude / il a habité
público / *publicó,* public, publique / il a publié

4 L'addition d'une syllabe au pluriel ou au féminin d'un mot peut modifier l'emploi de l'accent écrit.

joven (jeune) → *jóvenes* (jeunes)

5 Sauf dans le cas des homonymes, les monosyllabes ne portent pas d'accent écrit.

fe, pie, fui, fue, ruin, dio, vio, veis, di, dio

6 Dans une diphtongue, si la voyelle faible *i* ou *u* porte l'accent tonique, il se produit une rupture de la diphtongue. On place alors un accent écrit sur cette voyelle faible.

frío, decía, reúne, confío

L'accent grammatical

• L'accent écrit est dit grammatical lorsqu'il sert à distinguer deux homonymes qui ont un sens ou une valeur grammaticale différents.

aun, même (conj.) / *aún*, encore (adv.)
como, comme (conj.) / *cómo*, comment (adv.)
de, de (prép.) / *dé*, que je donne (verbe)
el, le (article) / *él*, il, lui (pr. pers.)
mas, mais (conj.) / *más*, plus (adv.)
mi, mon, ma (adj. poss.) / *mí*, moi (pr. pers.)
se, se (pr. réfléchi) / *sé*, je sais (verbe)
si, si (conj.) / *sí*, oui (adv.) / *sí*, soi (pr. réfléchi)
solo, seul (adj.) / *sólo*, seulement (adv.)
te, te (pr. pers.) / *té*, le thé (nom)
tu, ton, ta (adj. poss.) / *tú*, tu, toi (pr. pers.)

• Les mots interrogatifs et exclamatifs portent également l'accent écrit.

Union des voyelles à l'intérieur d'un mot

• Dans le langage courant et rapide lorsque deux voyelles se trouvent en contact à l'intérieur d'un mot elles se prononcent en une seule syllabe même si elles ne forment pas une diphtongue.
poe – ma ; oes – te ; so – lea – do ; coo – pe – rar

• Si les deux voyelles sont identiques et que l'une d'elles porte l'accent tonique, le son de la voyelle est plus appuyé.
alcohol: al – co:l

ATTENTION

Cette union des voyelles n'a pas lieu si la dernière voyelle appartient à une terminaison verbale.
le – e

Union des voyelles entre les mots

Une des caractéristiques de l'espagnol est l'union ou prononciation dans une même syllabe de la voyelle finale d'un mot et de la première du mot suivant.

• Deux voyelles faibles différentes
iu : ni una → */niu – na/*   *ui : tu hija* → */tui – ja/*

• Deux voyelles faibles identiques
ii : casi imposible → */ca – sim – po – si– ble/*
uu : tu uniforme → */tu – ni – for – me/*

• Deux voyelles fortes différentes
ea : me alegro → */mea – le – gro/*
oe : yo no he sido → */yo – noe – si– do/*
oa : no ha venido → */noa – ve – ni – do/*
ae : la he visto → */lae – vis – to/*

• Deux voyelles fortes identiques
aa : para Alfredo → /pa – ral – fred – do/
ee : que es esto → /que – ses– to/

ATTENTION

Cette union n'a pas lieu si la deuxième voyelle appartient
à un pronom.

de él → *de – él*

La liaison et l'enchaînement des mots

• Quand un mot se termine par une consonne et que le mot
suivant commence par une voyelle les deux lettres s'enchaînent.

d + voyelle	uste**d** y yo	us – te – dy – yo
l + voyelle	sa**l** y playa	sa – li – pla – ya
s + voyelle	má**s** agua	má – sa – gua
n + voyelle	ha**n** ido	ha – ni – do
m + voyelle	álbu**m** histórico	al – bu – mis – tó – ri – co
r + voyelle	esta**r** en casa	es – ta – ren – ca – sa
z + voyelle	en vo**z** alta	en – vo – zal – ta
c + voyelle	biste**c** o pescado	bis – te – co – pes – ca– do

• Quand un mot se termine par consonne et que le mot suivant
commence par la même consonne les deux lettres se confon-
dent ou se prononcent avec un son à peine plus appuyé.

d + d	eda**d d**orada	e – da – d:o – ra – da
l + l	e**l l**abio	e – l:a – bio
s + s	do**s s**alas	do – s:a – las
n + n	u**n n**úmero	u – n:ú – me – ro
z + /c/	die**z c**igarros	die – z:i – ga – rros
r + r	colo**r r**ojo	co – lo – r:o – jo

131

Code des symboles utilisés	
|	Pause brève
||	Pause brève (une seconde approximativement)
→	Intonation de continuation
↑	Intonation montante
↓	Intonation descendante

L'intonation d'un mot

Dans un mot isolé, l'accent tonique et son intonation coïncident. La syllabe qui porte l'accent tonique est prononcée sur un ton normal et les autres syllabes sont prononcées sur une intonation montante ou descendante par rapport à cette syllabe.

– Intonation montante : les mots qui portent l'accent tonique sur la dernière syllabe.

señor ↑   *jardín* ↑   *café* ↑

– Intonation descendante : les mots qui portent l'accent tonique sur la première syllabe.

mesa ↓   *ángel* ↓

– La descente de l'intonation est moins rapide si le mot a plus de deux syllabes.

música ↓   *pájaro* ↓

– Intonation montante-descendante : les mots qui portent l'accent tonique à l'intérieur du mot.

↑ *semáforo* ↓   ↑ *naranja* ↓   ↑ *católico* ↓

L'intonation du groupe rythmique

• La phrase se divise en groupes rythmiques. Ce sont des parties du discours prononcées entre deux pauses.
Cuando llegó a clase, | se sentó. ||

• La ligne mélodique du groupe rythmique peut suivre une inflexion montante, descendante ou de continuation.

montante	descendante	de continuation
¿vive aquí? ↑	*vive aquí* ↓	*si vive aquí* →

• Dans une phrase affirmative tous les groupes rythmiques ont une intonation montante sauf le dernier qui a une intonation descendante.
Cuando llegó a casa, ↑ *se sentó.* ↓

• Les groupes rythmiques qui font partie d'une énumération sans conjonction se terminent tous avec une intonation descendante.
La ciudad tiene mucho encanto, ↓ *mucha animación,* ↓ *muy buena calidad de vida.* ↓

• Si le dernier groupe rythmique est relié par une conjonction, le précédent se termine par une intonation montante.
Se sentaron, ↓ *bebieron mucho* ↑ *y empezaron a cantar.* ↓

• Dans les phrases interrogatives qui ne commencent pas par un mot grammatical interrogatif l'intonation est montante jusqu'à la fin.
¿Viene hoy? ↑

• Les phrases interrogatives qui commencent par un mot grammatical interrogatif se terminent par une intonation descendante.
¿De dónde vienes? ↓

VI.
CONJUGAISONS

Liste des 43 verbes modèles

Verbe auxiliaire

1	haber	*avoir, être*

Verbes réguliers

2	hablar	*parler*
3	beber	*boire*
4	vivir	*vivre, habiter*

Verbes irréguliers

5	adquirir	*acquérir*
6	andar	*marcher*
7	caber	*tenir, entrer*
8	caer	*tomber*
9	concluir	*conclure*
10	conocer	*connaître*
11	contar	*conter, compter*
12	dar	*donner*
13	decir	*dire*
14	discernir	*discerner*
15	dormir	*dormir*
16	estar	*être*
17	hacer	*faire*
18	ir	*aller*
19	jugar	*jouer*
20	leer	*lire*
21	lucir	*luire, briller*

22	mover	*bouger*
23	nacer	*naître*
24	obedecer	*obéir*
25	oír	*entendre*
26	oler	*sentir (une odeur)*
27	pedir	*demander*
28	pensar	*penser*
29	perder	*perdre*
30	poder	*pouvoir*
31	poner	*mettre*
32	querer	*vouloir, aimer*
33	reír	*rire*
34	saber	*savoir*
35	salir	*sortir, partir*
36	sentir	*sentir, être désolé*
37	ser	*être*
38	tener	*avoir, posséder*
39	traducir	*traduire*
40	traer	*apporter*
41	valer	*valoir*
42	venir	*venir*
43	ver	*voir*

• Pour trouver la conjugaison d'un verbe, il vous suffit de rechercher par ordre alphabétique, dans la liste (pages 181 à 186), le verbe que vous souhaitez conjuguer.

• Le numéro qui figure en face de ce verbe vous donnera le numéro du modèle de conjugaison type. Vous trouverez ce modèle de conjugaison dans les pages précédentes (pages 137 à 180), les tableaux étant classés par numéro.

• Les formes régulières sont en maigre, les formes irrégulières sont en **gras**.

TEMPS SIMPLES

INDICATIF

	Présent	Imparfait	Passé simple
yo	**he**	había	**hube**
tú	**has**	habías	**hubiste**
él/ella/Vd.	**ha**	había	**hubo**
nosotros, -as	**hemos**	habíamos	**hubimos**
vosotros, -as	habéis	habíais	**hubisteis**
ellos/ellas/Vds.	**han**	habían	**hubieron**

	Futur simple	Conditionnel
yo	**habré**	**habría**
tú	**habrás**	**habrías**
él/ella/Vd.	**habrá**	**habría**
nosotros, -as	**habremos**	**habríamos**
vosotros, -as	**habréis**	**habríais**
ellos/ellas/Vds.	**habrán**	**habrían**

SUBJONCTIF

	Présent	Imparfait		
yo	**haya**	**hubiera**	ou	**hubiese**
tú	**hayas**	**hubieras**		**hubieses**
él/ella/Vd.	**haya**	**hubiera**		**hubiese**
nosotros, -as	**hayamos**	**hubiéramos**		**hubiésemos**
vosotros, -as	**hayáis**	**hubierais**		**hubieseis**
ellos/ellas/Vds.	**hayan**	**hubieran**		**hubiesen**

IMPÉRATIF

he tú
haya usted
hayamos nosotros, -as
habed vosotros, -as
hayan ustedes

INFINITIF

haber

GÉRONDIF

habiendo

PARTICIPE PASSÉ

habido

TEMPS COMPOSÉS

INDICATIF						
	Passé composé		Plus-que-parfait		Passé antérieur	
yo	**he**	habido	había	habido	**hube**	habido
tú	**has**	habido	habías	habido	**hubiste**	habido
él/ella/Vd.	**ha**	habido	había	habido	**hubo**	habido
nosotros, -as	**hemos**	habido	habíamos	habido	**hubimos**	habido
vosotros, -as	**habéis**	habido	habíais	habido	**hubisteis**	habido
	han	habido	habían	habido	**hubieron**	habido

	Futur antérieur		Conditionnel passé			
yo	**habré**	habido	**habría**	habido		
tú	**habrás**	habido	**habrías**	habido		
él/ella/Vd.	**habrá**	habido	**habría**	habido		
nosotros, -as	**habremos**	habido	**habríamos**	habido		
vosotros, -as	**habréis**	habido	**habríais**	habido		
ellos/ellas/Vds.	**habrán**	habido	**habrían**	habido		

SUBJONCTIF						
	Passé		Plus-que-parfait			
yo	**haya**	habido	**hubiera**	*ou*	**hubiese**	habido
tú	**hayas**	habido	**hubieras**		**hubieses**	habido
él/ella/Vd.	**haya**	habido	**hubiera**		**hubiese**	habido
nosotros, -as	**hayamos**	habido	**hubiéramos**		**hubiésemos**	habido
vosotros, -as	**hayáis**	habido	**hubierais**		**hubieseis**	habido
ellos/ellas/Vds.	**hayan**	habido	**hubieran**		**hubiesen**	habido

INFINITIF COMPOSÉ	GÉRONDIF COMPOSÉ
haber habido	habiendo habido

INDICATIF

	Présent	Imparfait	Passé simple
yo	hablo	hablaba	hablé
tú	hablas	hablabas	hablaste
él/ella/Vd.	habla	hablaba	habló
nosotros, -as	hablamos	hablábamos	hablamos
vosotros, -as	habláis	hablabais	hablasteis
ellos/ellas/Vds.	hablan	hablaban	hablaron

	Futur simple	Conditionnel
yo	hablaré	hablaría
tú	hablarás	hablarías
él/ella/Vd.	hablará	hablaría
nosotros, -as	hablaremos	hablaríamos
vosotros, -as	hablaréis	hablaríais
ellos/ellas/Vds.	hablarán	hablarían

SUBJONCTIF

	Présent	Imparfait		
yo	hable	hablara	ou	hablase
tú	hables	hablaras		hablases
él/ella/Vd.	hable	hablara		hablase
nosotros, -as	hablemos	habláramos		hablásemos
vosotros, -as	habléis	hablarais		hablaseis
ellos/ellas/Vds.	hablen	hablaran		hablasen

IMPÉRATIF

habla tú
hable usted
hablemos nosotros, -as
hablad vosotros, -as
hablen ustedes

INFINITIF

hablar

GÉRONDIF

hablando

PARTICIPE PASSÉ

hablado

Les temps composés se forment, à la voix active, avec l'auxiliaire *haber* (tableau 1) et le participe passé du verbe à conjuguer : *hablado*.

BEBER
Boire

INDICATIF

	Présent	Imparfait	Passé simple
yo	bebo	bebía	bebí
tú	bebes	bebías	bebiste
él/ella/Vd.	bebe	bebía	bebió
nosotros, -as	bebemos	bebíamos	bebimos
vosotros, -as	bebéis	bebíais	bebisteis
ellos/ellas/Vds.	beben	bebían	bebieron

	Futur simple	Conditionnel
yo	beberé	bebería
tú	beberás	beberías
él/ella/Vd.	beberá	bebería
nosotros, -as	beberemos	beberíamos
vosotros, -as	beberéis	beberíais
ellos/ellas/Vds.	beberán	beberían

SUBJONCTIF

	Présent	Imparfait		
yo	beba	bebiera	ou	bebiese
tú	bebas	bebieras		bebieses
él/ella/Vd.	beba	bebiera		bebiese
nosotros, -as	bebamos	bebiéramos		bebiésemos
vosotros, -as	bebáis	bebierais		bebieseis
ellos/ellas/Vds.	beban	bebieran		bebiesen

IMPÉRATIF

bebe tú
beba usted
bebamos nosotros, -as
bebed vosotros, -as
beban ustedes

INFINITIF

beber

GÉRONDIF

bebiendo

PARTICIPE PASSÉ

bebido

Les temps composés se forment, à la voix active, avec l'auxiliaire *haber* (tableau 1) et le participe passé du verbe à conjuguer : *bebido*.

		INDICATIF	

	Présent	Imparfait	Passé simple
yo	vivo	vivía	viví
tú	vives	vivías	viviste
él/ella/Vd.	vive	vivía	vivió
nosotros, -as	vivimos	vivíamos	vivimos
vosotros, -as	vivís	vivíais	vivisteis
ellos/ellas/Vds.	viven	vivían	vivieron

	Futur simple	Conditionnel	
yo	viviré	viviría	
tú	vivirás	vivirías	
él/ella/Vd.	vivirá	viviría	
nosotros, -as	viviremos	viviríamos	
vosotros, -as	viviréis	viviríais	
ellos/ellas/Vds.	vivirán	vivirían	

		SUBJONCTIF		

	Présent	Imparfait		
yo	viva	viviera	*ou*	viviese
tú	vivas	vivieras		vivieses
él/ella/Vd.	viva	viviera		viviese
nosotros, -as	vivamos	viviéramos		viviésemos
vosotros, -as	viváis	vivierais		vivieseis
ellos/ellas/Vds.	vivan	vivieran		viviesen

IMPÉRATIF	INFINITIF
vive tú	vivir
viva usted	**GÉRONDIF**
vivamos nosotros, -as	
vivid vosotros, -as	viviendo
vivan ustedes	**PARTICIPE PASSÉ**
	vivido

Les temps composés se forment, à la voix active, avec l'auxiliaire *haber* (tableau 1) et le participe passé du verbe à conjuguer : *vivido*.

INDICATIF

	Présent	Imparfait	Passé simple
yo	**adquiero**	adquiría	adquirí
tú	**adquieres**	adquirías	adquiriste
él/ella/Vd.	**adquiere**	adquiría	adquirió
nosotros, -as	adquirimos	adquiríamos	adquirimos
vosotros, -as	adquirís	adquiríais	adquiristeis
ellos/ellas/Vds.	**adquieren**	adquirían	adquirieron

	Futur simple	Conditionnel
yo	adquiriré	adquiriría
tú	adquirirás	adquirirías
él/ella/Vd.	adquirirá	adquiriría
nosotros, -as	adquiriremos	adquiriríamos
vosotros, -as	adquiriréis	adquiriríais
ellos/ellas/Vds.	adquirirán	adquirirían

SUBJONCTIF

	Présent	Imparfait	ou	
yo	**adquiera**	adquiriera	ou	adquiriese
tú	**adquieras**	adquirieras		adquirieses
él/ella/Vd.	**adquiera**	adquiriera		adquiriese
nosotros, -as	adquiramos	adquiriéramos		adquiriésemos
vosotros, -as	adquiráis	adquirierais		adquirieseis
ellos/ellas/Vds.	**adquieran**	adquirieran		adquiriesen

IMPÉRATIF

adquiere tú
adquiera usted
adquiramos nosotros, -as
adquirid vosotros, -as
adquieran ustedes

INFINITIF

adquirir

GÉRONDIF

adquiriendo

PARTICIPE PASSÉ

adquirido

Les temps composés se forment, à la voix active, avec l'auxiliaire *haber* (tableau 1) et le participe passé du verbe à conjuguer : *adquirido*.

INDICATIF

	Présent	Imparfait	Passé simple
yo	ando	andaba	**anduve**
tú	andas	andabas	**anduviste**
él/ella/Vd.	anda	andaba	**anduvo**
nosotros, -as	andamos	andábamos	**anduvimos**
vosotros, -as	andáis	andabais	**anduvisteis**
ellos/ellas/Vds.	andan	andaban	**anduvieron**

	Futur simple	Conditionnel
yo	andaré	andaría
tú	andarás	andarías
él/ella/Vd.	andará	andaría
nosotros, -as	andaremos	andaríamos
vosotros, -as	andaréis	andaríais
ellos/ellas/Vds.	andarán	andarían

SUBJONCTIF

	Présent	Imparfait	
yo	ande	**anduviera** ou	**anduviese**
tú	andes	**anduvieras**	**anduvieses**
él/ella/Vd.	ande	**anduviera**	**anduviese**
nosotros, -as	andemos	**anduviéramos**	**anduviésemos**
vosotros, -as	andéis	**anduvierais**	**anduvieseis**
ellos/ellas/Vds.	anden	**anduvieran**	**anduviesen**

IMPÉRATIF

anda tú
ande usted
andemos nosotros, -as
andad vosotros, -as
anden ustedes

INFINITIF

andar

GÉRONDIF

andando

PARTICIPE PASSÉ

andado

Les temps composés se forment, à la voix active, avec l'auxiliaire *haber* (tableau 1) et le participe passé du verbe à conjuguer : *andado*.

CABER
Tenir, entrer

INDICATIF

	Présent	Imparfait	Passé simple
yo	**quepo**	cabía	**cupe**
tú	cabes	cabías	**cupiste**
él/ella/Vd.	cabe	cabía	**cupo**
nosotros, -as	cabemos	cabíamos	**cupimos**
vosotros, -as	cabéis	cabíais	**cupisteis**
ellos/ellas/Vds.	caben	cabían	**cupieron**

	Futur simple	Conditionnel
yo	**cabré**	**cabría**
tú	**cabrás**	**cabrías**
él/ella/Vd.	**cabrá**	**cabría**
nosotros, -as	**cabremos**	**cabríamos**
vosotros, -as	**cabréis**	**cabríais**
ellos/ellas/Vds.	**cabrán**	**cabrían**

SUBJONCTIF

	Présent	Imparfait	ou	
yo	**quepa**	**cupiera**	*ou*	**cupiese**
tú	**quepas**	**cupieras**		**cupieses**
él/ella/Vd.	**quepa**	**cupiera**		**cupiese**
nosotros, -as	**quepamos**	**cupiéramos**		**cupiésemos**
vosotros, -as	**quepáis**	**cupierais**		**cupieseis**
ellos/ellas/Vds.	**quepan**	**cupieran**		**cupiesen**

IMPÉRATIF	INFINITIF
cabe tú	caber

	GÉRONDIF
quepa usted **quepamos** nosotros, -as cabed vosotros, -as **quepan** ustedes	cabiendo

	PARTICIPE PASSÉ
	cabido

Les temps composés se forment, à la voix active, avec l'auxiliaire *haber* (tableau 1) et le participe passé du verbe à conjuguer : *cabido.*

INDICATIF

	Présent	Imparfait	Passé simple
yo	**caigo**	caía	caí
tú	caes	caías	**caíste**
él/ella/Vd.	cae	caía	**cayó**
nosotros, -as	caemos	caíamos	**caímos**
vosotros, -as	caéis	caíais	**caísteis**
ellos/ellas/Vds.	caen	caían	**cayeron**

	Futur simple	Conditionnel
yo	caeré	caería
tú	caerás	caerías
él/ella/Vd.	caerá	caería
nosotros, -as	caeremos	caeríamos
vosotros, -as	caeréis	caeríais
ellos/ellas/Vds.	caerán	caerían

SUBJONCTIF

	Présent	Imparfait	ou	
yo	**caiga**	**cayera**	ou	**cayese**
tú	**caigas**	**cayeras**		**cayeses**
él/ella/Vd.	**caiga**	**cayera**		**cayese**
nosotros, -as	**caigamos**	**cayéramos**		**cayésemos**
vosotros, -as	**caigáis**	**cayerais**		**cayeseis**
ellos/ellas/Vds.	**caigan**	**cayeran**		**cayesen**

IMPÉRATIF

cae tú
caiga usted
caigamos nosotros, -as
caed vosotros, -as
caigan ustedes

INFINITIF

caer

GÉRONDIF

cayendo

PARTICIPE PASSÉ

caído

Les temps composés se forment, à la voix active, avec l'auxiliaire *haber* (tableau 1) et le participe passé du verbe à conjuguer : *caído*.

		INDICATIF			
		Présent	**Imparfait**	**Passé simple**	
yo		**concluyo**	concluía	concluí	
tú		**concluyes**	concluías	concluiste	
él/ella/Vd.		**concluye**	concluía	**concluyó**	
nosotros, -as		concluimos	concluíamos	concluimos	
vosotros, -as		concluís	concluíais	concluisteis	
ellos/ellas/Vds.		**concluyen**	concluían	**concluyeron**	
		Futur simple	**Conditionnel**		
yo		concluiré	concluiría		
tú		concluirás	concluirías		
él/ella/Vd.		concluirá	concluiría		
nosotros, -as		concluiremos	concluiríamos		
vosotros, -as		concluiréis	concluiríais		
ellos/ellas/Vds.		concluirán	concluirían		

		SUBJONCTIF			
		Présent	**Imparfait**		
yo		**concluya**	**concluyera** *ou*	**concluyese**	
tú		**concluyas**	**concluyeras**	**concluyeses**	
él/ella/Vd.		**concluya**	**concluyera**	**concluyese**	
nosotros, -as		**concluyamos**	**concluyéramos**	**concluyésemos**	
vosotros, -as		**concluyáis**	**concluyerais**	**concluyeseis**	
ellos/ellas/Vds.		**concluyan**	**concluyeran**	**concluyesen**	

IMPÉRATIF	INFINITIF
concluye tú	concluir
concluya usted	**GÉRONDIF**
concluyamos nosotros, -as	**concluyendo**
concluid vosotros, -as	**PARTICIPE PASSÉ**
concluyan ustedes	concluido

Les temps composés se forment, à la voix active, avec l'auxiliaire *haber* (tableau 1) et le participe passé du verbe à conjuguer : *concluido.*

INDICATIF

	Présent	Imparfait	Passé simple
yo	**conozco**	conocía	conocí
tú	conoces	conocías	conociste
él/ella/Vd.	conoce	conocía	conoció
nosotros, -as	conocemos	conocíamos	conocimos
vosotros, -as	conocéis	conocíais	conocisteis
ellos/ellas/Vds.	conocen	conocían	conocieron

	Futur simple	Conditionnel
yo	conoceré	conocería
tú	conocerás	conocerías
él/ella/Vd.	conocerá	conocería
nosotros, -as	conoceremos	conoceríamos
vosotros, -as	conoceréis	conoceríais
ellos/ellas/Vds.	conocerán	conocerían

SUBJONCTIF

	Présent	Imparfait		
yo	**conozca**	conociera	*ou*	conociese
tú	**conozcas**	conocieras		conocieses
él/ella/Vd.	**conozca**	conociera		conociese
nosotros, -as	**conozcamos**	conociéramos		conociésemos
vosotros, -as	**conozcáis**	conocierais		conocieseis
ellos/ellas/Vds.	**conozcan**	conocieran		conociesen

IMPÉRATIF

conoce tú
conozca usted
conozcamos nosotros, -as
conoced vosotros, -as
conozcan ustedes

INFINITIF

conocer

GÉRONDIF

conociendo

PARTICIPE PASSÉ

conocido

Les temps composés se forment, à la voix active, avec l'auxiliaire *haber* (tableau 1) et le participe passé du verbe à conjuguer : *conocido*.

CONTAR
Conter, compter

INDICATIF

	Présent	Imparfait	Passé simple
yo	**cuento**	contaba	conté
tú	**cuentas**	contabas	contaste
él/ella/Vd.	**cuenta**	contaba	contó
nosotros, -as	contamos	contábamos	contamos
vosotros, -as	contáis	contabais	contasteis
ellos/ellas/Vds.	**cuentan**	contaban	contaron

	Futur simple	Conditionnel
yo	contaré	contaría
tú	contarás	contarías
él/ella/Vd.	contará	contaría
nosotros, -as	contaremos	contaríamos
vosotros, -as	contaréis	contaríais
ellos/ellas/Vds.	contarán	contarían

SUBJONCTIF

	Présent	Imparfait		
yo	**cuente**	contara	*ou*	contase
tú	**cuentes**	contaras		contases
él/ella/Vd.	**cuente**	contara		contase
nosotros, -as	contemos	contáramos		contásemos
vosotros, -as	contéis	contarais		contaseis
ellos/ellas/Vds.	**cuenten**	contaran		contasen

IMPÉRATIF

cuenta tú
cuente usted
contemos nosotros, -as
contad vosotros, -as
cuenten ustedes

INFINITIF

contar

GÉRONDIF

contando

PARTICIPE PASSÉ

contado

Les temps composés se forment, à la voix active, avec l'auxiliaire *haber* (tableau 1) et le participe passé du verbe à conjuguer : *contado*.

INDICATIF

	Présent	Imparfait	Passé simple
yo	**doy**	daba	**di**
tú	das	dabas	**diste**
él/ella/Vd.	da	daba	**dio**
nosotros, -as	damos	dábamos	**dimos**
vosotros, -as	dais	dabais	**disteis**
ellos/ellas/Vds.	dan	daban	**dieron**

	Futur simple	Conditionnel
yo	daré	daría
tú	darás	darías
él/ella/Vd.	dará	daría
nosotros, -as	daremos	daríamos
vosotros, -as	daréis	daríais
ellos/ellas/Vds.	darán	darían

SUBJONCTIF

	Présent	Imparfait		
yo	**dé**	**diera**	*ou*	**diese**
tú	des	**dieras**		**dieses**
él/ella/Vd.	**dé**	**diera**		**diese**
nosotros, -as	demos	**diéramos**		**diésemos**
vosotros, -as	deis	**dierais**		**dieseis**
ellos/ellas/Vds.	den	**dieran**		**diesen**

IMPÉRATIF	INFINITIF
da tú	dar
dé usted	**GÉRONDIF**
demos nosotros, -as	dando
dad vosotros, -as	**PARTICIPE PASSÉ**
den ustedes	dado

Les temps composés se forment, à la voix active, avec l'auxiliaire *haber* (tableau 1) et le participe passé du verbe à conjuguer : *dado.*

INDICATIF

	Présent	Imparfait	Passé simple
yo	**digo**	decía	**dije**
tú	**dices**	decías	**dijiste**
él/ella/Vd.	**dice**	decía	**dijo**
nosotros, -as	decimos	decíamos	**dijimos**
vosotros, -as	decís	decíais	**dijisteis**
ellos/ellas/Vds.	**dicen**	decían	**dijeron**

	Futur simple	Conditionnel
yo	**diré**	**diría**
tú	**dirás**	**dirías**
él/ella/Vd.	**dirá**	**diría**
nosotros, -as	**diremos**	**diríamos**
vosotros, -as	**diréis**	**diríais**
ellos/ellas/Vds.	**dirán**	**dirían**

SUBJONCTIF

	Présent	Imparfait		
yo	**diga**	**dijera**	ou	**dijese**
tú	**digas**	**dijeras**		**dijeses**
él/ella/Vd.	**diga**	**dijera**		**dijese**
nosotros, -as	**digamos**	**dijéramos**		**dijésemos**
vosotros, -as	**digáis**	**dijerais**		**dijeseis**
ellos/ellas/Vds.	**digan**	**dijeran**		**dijesen**

IMPÉRATIF

di tú
diga usted
digamos nosotros, -as
decid vosotros, -as
digan ustedes

INFINITIF

decir

GÉRONDIF

diciendo

PARTICIPE PASSÉ

dicho

Les temps composés se forment, à la voix active, avec l'auxiliaire *haber* (tableau 1) et le participe passé du verbe à conjuguer : *dicho*.

INDICATIF

	Présent	Imparfait	Passé simple
yo	**discierno**	discernía	discerní
tú	**disciernes**	discernías	discerniste
él/ella/Vd.	**discierne**	discernía	discernió
nosotros, -as	discernimos	discerníamos	discernimos
vosotros, -as	discernís	discerníais	discernisteis
ellos/ellas/Vds.	**disciernen**	discernían	discernieron

	Futur simple	Conditionnel
yo	discerniré	discerniría
tú	discernirás	discernirías
él/ella/Vd.	discernirá	discerniría
nosotros, -as	discerniremos	discerniríamos
vosotros, -as	discerniréis	discerniríais
ellos/ellas/Vds.	discernirán	discernirían

SUBJONCTIF

	Présent	Imparfait	
yo	**discierna**	discerniera *ou*	discerniese
tú	**disciernas**	discernieras	discernieses
él/ella/Vd.	**discierna**	discerniera	discerniese
nosotros, -as	discernamos	discerniéramos	discerniésemos
vosotros, -as	discernáis	discernierais	discernieseis
ellos/ellas/Vds.	**disciernan**	discernieran	discerniesen

IMPÉRATIF

discierne tú
discierna usted
discernamos nosotros, -as
discernid vosotros, -as
disciernan ustedes

INFINITIF

discernir

GÉRONDIF

discerniendo

PARTICIPE PASSÉ

discernido

Les temps composés se forment, à la voix active, avec l'auxiliaire *haber* (tableau 1) et le participe passé du verbe à conjuguer : *discernido*.

INDICATIF

	Présent	Imparfait	Passé simple
yo	**duermo**	dormía	dormí
tú	**duermes**	dormías	dormiste
él/ella/Vd.	**duerme**	dormía	**durmió**
nosotros, -as	dormimos	dormíamos	dormimos
vosotros, -as	dormís	dormíais	dormisteis
ellos/ellas/Vds.	**duermen**	dormían	**durmieron**

	Futur simple	Conditionnel
yo	dormiré	dormiría
tú	dormirás	dormirías
él/ella/Vd.	dormirá	dormiría
nosotros, -as	dormiremos	dormiríamos
vosotros, -as	dormiréis	dormiríais
ellos/ellas/Vds.	dormirán	dormirían

SUBJONCTIF

	Présent	Imparfait		
yo	**duerma**	**durmiera**	ou	**durmiese**
tú	**duermas**	**durmieras**		**durmieses**
él/ella/Vd.	**duerma**	**durmiera**		**durmiese**
nosotros, -as	**durmamos**	**durmiéramos**		**durmiésemos**
vosotros, -as	**durmáis**	**durmierais**		**durmieseis**
ellos/ellas/Vds.	**duerman**	**durmieran**		**durmiesen**

IMPÉRATIF

duerme tú
duerma usted
durmamos nosotros, -as
dormid vosotros, -as
duerman ustedes

INFINITIF

dormir

GÉRONDIF

durmiendo

PARTICIPE PASSÉ

dormido

Les temps composés se forment, à la voix active, avec l'auxiliaire *haber* (tableau 1) et le participe passé du verbe à conjuguer : *dormido.*

INDICATIF

	Présent	Imparfait	Passé simple
yo	**estoy**	estaba	**estuve**
tú	**estás**	estabas	**estuviste**
él/ella/Vd.	**está**	estaba	**estuvo**
nosotros, -as	estamos	estábamos	**estuvimos**
vosotros, -as	estáis	estabais	**estuvisteis**
ellos/ellas/Vds.	**están**	estaban	**estuvieron**

	Futur simple	Conditionnel
yo	estaré	estaría
tú	estarás	estarías
él/ella/Vd.	estará	estaría
nosotros, -as	estaremos	estaríamos
vosotros, -as	estaréis	estaríais
ellos/ellas/Vds.	estarán	estarían

SUBJONCTIF

	Présent	Imparfait		
yo	**esté**	**estuviera**	*ou*	**estuviese**
tú	**estés**	**estuvieras**		**estuvieses**
él/ella/Vd.	**esté**	**estuviera**		**estuviese**
nosotros, -as	estemos	**estuviéramos**		**estuviésemos**
vosotros, -as	estéis	**estuvierais**		**estuvieseis**
ellos/ellas/Vds.	**estén**	**estuvieran**		**estuviesen**

IMPÉRATIF	INFINITIF
está tú	estar
esté usted	**GÉRONDIF**
estemos nosotros, -as	
estad vosotros, -as	estando
estén ustedes	**PARTICIPE PASSÉ**
	estado

Les temps composés se forment, à la voix active, avec l'auxiliaire *haber* (tableau 1) et le participe passé du verbe à conjuguer : *estado*.

HACER
Faire

		INDICATIF	

	Présent	Imparfait	Passé simple
yo	**hago**	hacía	**hice**
tú	haces	hacías	**hiciste**
él/ella/Vd.	hace	hacía	**hizo**
nosotros, -as	hacemos	hacíamos	**hicimos**
vosotros, -as	hacéis	hacíais	**hicisteis**
ellos/ellas/Vds.	hacen	hacían	**hicieron**

	Futur simple	Conditionnel
yo	**haré**	**haría**
tú	**harás**	**harías**
él/ella/Vd.	**hará**	**haría**
nosotros, -as	**haremos**	**haríamos**
vosotros, -as	**haréis**	**haríais**
ellos/ellas/Vds.	**harán**	**harían**

		SUBJONCTIF		

	Présent	Imparfait		
yo	**haga**	**hiciera**	ou	**hiciese**
tú	**hagas**	**hicieras**		**hicieses**
él/ella/Vd.	**haga**	**hiciera**		**hiciese**
nosotros, -as	**hagamos**	**hiciéramos**		**hiciésemos**
vosotros, -as	**hagáis**	**hicierais**		**hicieseis**
ellos/ellas/Vds.	**hagan**	**hicieran**		**hiciesen**

IMPÉRATIF	INFINITIF
haz tú	hacer
haga usted	**GÉRONDIF**
hagamos nosotros, -as	
haced vosotros, -as	haciendo
hagan ustedes	**PARTICIPE PASSÉ**
	hecho

Les temps composés se forment, à la voix active, avec l'auxiliaire *haber* (tableau 1) et le participe passé du verbe à conjuguer : *hecho*.

INDICATIF

	Présent	Imparfait	Passé simple
yo	**voy**	**iba**	**fui**
tú	**vas**	**ibas**	**fuiste**
él/ella/Vd.	**va**	**iba**	**fue**
nosotros, -as	**vamos**	**íbamos**	**fuimos**
vosotros, -as	**vais**	**ibais**	**fuisteis**
ellos/ellas/Vds.	**van**	**iban**	**fueron**

	Futur simple	Conditionnel
yo	iré	iría
tú	irás	irías
él/ella/Vd.	irá	iría
nosotros, -as	iremos	iríamos
vosotros, -as	iréis	iríais
ellos/ellas/Vds.	irán	irían

SUBJONCTIF

	Présent	Imparfait		
yo	**vaya**	**fuera**	*ou*	**fuese**
tú	**vayas**	**fueras**		**fueses**
él/ella/Vd.	**vaya**	**fuera**		**fuese**
nosotros, -as	**vayamos**	**fuéramos**		**fuésemos**
vosotros, -as	**vayáis**	**fuerais**		**fueseis**
ellos/ellas/Vds.	**vayan**	**fueran**		**fuesen**

IMPÉRATIF

ve tú
vaya usted
vayamos ou **vamos** nosotros, -as
id vosotros, -as
vayan ustedes

INFINITIF

ir

GÉRONDIF

yendo

PARTICIPE PASSÉ

ido

Les temps composés se forment, à la voix active, avec l'auxiliaire *haber* (tableau 1) et le participe passé du verbe à conjuguer : *ido*.

155

INDICATIF			
	Présent	Imparfait	Passé simple
yo	**juego**	jugaba	**jugué**
tú	**juegas**	jugabas	jugaste
él/ella/Vd.	**juega**	jugaba	jugó
nosotros, -as	jugamos	jugábamos	jugamos
vosotros, -as	jugáis	jugabais	jugasteis
ellos/ellas/Vds.	**juegan**	jugaban	jugaron
	Futur simple	Conditionnel	
yo	jugaré	jugaría	
tú	jugarás	jugarías	
él/ella/Vd.	jugará	jugaría	
nosotros, -as	jugaremos	jugaríamos	
vosotros, -as	jugaréis	jugaríais	
ellos/ellas/Vds.	jugarán	jugarían	

SUBJONCTIF			
	Présent	Imparfait	
yo	**juegue**	jugara *ou*	jugase
tú	**juegues**	jugaras	jugases
él/ella/Vd.	**juegue**	jugara	jugase
nosotros, -as	**juguemos**	jugáramos	jugásemos
vosotros, -as	**juguéis**	jugarais	jugaseis
ellos/ellas/Vds.	**jueguen**	jugaran	jugasen

IMPÉRATIF	INFINITIF
juega tú	jugar
juegue usted	**GÉRONDIF**
juguemos nosotros, -as	
jugad vosotros, -as	jugando
jueguen ustedes	**PARTICIPE PASSÉ**
	jugado

Les temps composés se forment, à la voix active, avec l'auxiliaire *haber* (tableau 1) et le participe passé du verbe à conjuguer : *jugado.*

INDICATIF

	Présent	Imparfait	Passé simple
yo	leo	leía	leí
tú	lees	leías	**leíste**
él/ella/Vd.	lee	leía	**leyó**
nosotros, -as	leemos	leíamos	**leímos**
vosotros, -as	leéis	leíais	**leísteis**
ellos/ellas/Vds.	leen	leían	**leyeron**

	Futur simple	Conditionnel
yo	leeré	leería
tú	leerás	leerías
él/ella/Vd.	leerá	leería
nosotros, -as	leeremos	leeríamos
vosotros, -as	leeréis	leeríais
ellos/ellas/Vds.	leerán	leerían

SUBJONCTIF

	Présent	Imparfait		
yo	lea	**leyera**	ou	**leyese**
tú	leas	**leyeras**		**leyeses**
él/ella/Vd.	lea	**leyera**		**leyese**
nosotros, -as	leamos	**leyéramos**		**leyésemos**
vosotros, -as	leáis	**leyerais**		**leyeseis**
ellos/ellas/Vds.	lean	**leyeran**		**leyesen**

IMPÉRATIF

lee tú
lea usted
leamos nosotros, -as
leed vosotros, -as
lean ustedes

INFINITIF

leer

GÉRONDIF

leyendo

PARTICIPE PASSÉ

leído

Les temps composés se forment, à la voix active, avec l'auxiliaire *haber* (tableau 1) et le participe passé du verbe à conjuguer : *leído*.

LUCIR
Luire, briller

		INDICATIF			
	Présent		**Imparfait**		**Passé simple**
yo	**luzco**		lucía		lucí
tú	luces		lucías		luciste
él/ella/Vd.	luce		lucía		lució
nosotros, -as	lucimos		lucíamos		lucimos
vosotros, -as	lucís		lucíais		lucisteis
ellos/ellas/Vds.	lucen		lucían		lucieron
	Futur simple		**Conditionnel**		
yo	luciré		luciría		
tú	lucirás		lucirías		
él/ella/Vd.	lucirá		luciría		
nosotros, -as	luciremos		luciríamos		
vosotros, -as	luciréis		luciríais		
ellos/ellas/Vds.	lucirán		lucirían		

		SUBJONCTIF		
	Présent		**Imparfait**	
yo	**luzca**	luciera	*ou*	luciese
tú	**luzcas**	lucieras		lucieses
él/ella/Vd.	**luzca**	luciera		luciese
nosotros, -as	**luzcamos**	luciéramos		luciésemos
vosotros, -as	**luzcáis**	lucierais		lucieseis
ellos/ellas/Vds.	**luzcan**	lucieran		luciesen

IMPÉRATIF	INFINITIF
luce tú	lucir
luzca usted	**GÉRONDIF**
luzcamos nosotros, -as	luciendo
lucid vosotros, -as	**PARTICIPE PASSÉ**
luzcan ustedes	lucido

Les temps composés se forment, à la voix active, avec l'auxiliaire *haber* (tableau 1) et le participe passé du verbe à conjuguer : *lucido*.

INDICATIF

	Présent	Imparfait		Passé simple
yo	**muevo**	movía		moví
tú	**mueves**	movías		moviste
él/ella/Vd.	**mueve**	movía		movió
nosotros, -as	movemos	movíamos		movimos
vosotros, -as	movéis	movíais		movisteis
ellos/ellas/Vds.	**mueven**	movían		movieron

	Futur simple	Conditionnel
yo	moveré	movería
tú	moverás	moverías
él/ella/Vd.	moverá	movería
nosotros, -as	moveremos	moveríamos
vosotros, -as	moveréis	moveríais
ellos/ellas/Vds.	moverán	moverían

SUBJONCTIF

	Présent	Imparfait		
yo	**mueva**	moviera	*ou*	moviese
tú	**muevas**	movieras		movieses
él/ella/Vd.	**mueva**	moviera		moviese
nosotros, -as	movamos	moviéramos		moviésemos
vosotros, -as	mováis	movierais		movieseis
ellos/ellas/Vds.	**muevan**	movieran		moviesen

IMPÉRATIF

mueve tú
mueva usted
movamos nosotros, -as
moved vosotros, -as
muevan ustedes

INFINITIF

mover

GÉRONDIF

moviendo

PARTICIPE PASSÉ

movido

Les temps composés se forment, à la voix active, avec l'auxiliaire *haber* (tableau 1) et le participe passé du verbe à conjuguer : *movido*.

NACER
Naître

		INDICATIF		
		Présent	Imparfait	Passé simple
yo		**nazco**	nacía	nací
tú		naces	nacías	naciste
él/ella/Vd.		nace	nacía	nació
nosotros, -as		nacemos	nacíamos	nacimos
vosotros, -as		nacéis	nacíais	nacisteis
ellos/ellas/Vds.		nacen	nacían	nacieron
		Futur simple	Conditionnel	
yo		naceré	nacería	
tú		nacerás	nacerías	
él/ella/Vd.		nacerá	nacería	
nosotros, -as		naceremos	naceríamos	
vosotros, -as		naceréis	naceríais	
ellos/ellas/Vds.		nacerán	nacerían	

	SUBJONCTIF			
	Présent	Imparfait		
yo	**nazca**	naciera	*ou*	naciese
tú	**nazcas**	nacieras		nacieses
él/ella/Vd.	**nazca**	naciera		naciese
nosotros, -as	**nazcamos**	naciéramos		naciésemos
vosotros, -as	**nazcáis**	nacierais		nacieseis
ellos/ellas/Vds.	**nazcan**	nacieran		naciesen

IMPÉRATIF	INFINITIF
nace tú	nacer
nazca usted	**GÉRONDIF**
nazcamos nosotros, -as	naciendo
naced vosotros, -as	**PARTICIPE PASSÉ**
nazcan ustedes	nacido

Les temps composés se forment, à la voix active, avec l'auxiliaire *haber* (tableau 1) et le participe passé du verbe à conjuguer : *nacido*.

INDICATIF

	Présent	Imparfait	Passé simple
yo	**obedezco**	obedecía	obedecí
tú	obedeces	obedecías	obedeciste
él/ella/Vd.	obedece	obedecía	obedeció
nosotros, -as	obedecemos	obedecíamos	obedecimos
vosotros, -as	obedecéis	obedecíais	obedecisteis
ellos/ellas/Vds.	obedecen	obedecían	obedecieron

	Futur simple	Conditionnel
yo	obedeceré	obedecería
tú	obedecerás	obedecerías
él/ella/Vd.	obedecerá	obedecería
nosotros, -as	obedeceremos	obedeceríamos
vosotros, -as	obedeceréis	obedeceríais
ellos/ellas/Vds.	obedecerán	obedecerían

SUBJONCTIF

	Présent	Imparfait		
yo	**obedezca**	obedeciera	*ou*	obedeciese
tú	**obedezcas**	obedecieras		obedecieses
él/ella/Vd.	**obedezca**	obedeciera		obedeciese
nosotros, -as	**obedezcamos**	obedeciéramos		obedeciésemos
vosotros, -as	**obedezcáis**	obedecierais		obedecieseis
ellos/ellas/Vds.	**obedezcan**	obedecieran		obedeciesen

IMPÉRATIF

obedece tú
obedezca usted
obedezcamos nosotros, -as
obedeced vosotros, -as
obedezcan ustedes

INFINITIF

obedecer

GÉRONDIF

obedeciendo

PARTICIPE PASSÉ

obedecido

Les temps composés se forment, à la voix active, avec l'auxiliaire *haber* (tableau 1) et le participe passé du verbe à conjuguer : *obedecido*.

INDICATIF			
	Présent	**Imparfait**	**Passé simple**
yo	**oigo**	oía	oí
tú	**oyes**	oías	**oíste**
él/ella/Vd.	**oye**	oía	**oyó**
nosotros, -as	**oímos**	oíamos	**oímos**
vosotros, -as	oís	oíais	**oísteis**
ellos/ellas/Vds.	**oyen**	oían	**oyeron**
	Futur simple	**Conditionnel**	
yo	oiré	oiría	
tú	oirás	oirías	
él/ella/Vd.	oirá	oiría	
nosotros, -as	oiremos	oiríamos	
vosotros, -as	oiréis	oiríais	
ellos/ellas/Vds.	oirán	oirían	

SUBJONCTIF				
	Présent	**Imparfait**		
yo	**oiga**	**oyera**	*ou*	**oyese**
tú	**oigas**	**oyeras**		**oyeses**
él/ella/Vd.	**oiga**	**oyera**		**oyese**
nosotros, -as	**oigamos**	**oyéramos**		**oyésemos**
vosotros, -as	**oigáis**	**oyerais**		**oyeseis**
ellos/ellas/Vds.	**oigan**	**oyeran**		**oyesen**

IMPÉRATIF	INFINITIF
oye tú	oír
oiga usted	**GÉRONDIF**
oigamos nosotros, -as	
oíd vosotros, -as	**oyendo**
oigan ustedes	**PARTICIPE PASSÉ**
	oído

Les temps composés se forment, à la voix active, avec l'auxiliaire *haber* (tableau 1) et le participe passé du verbe à conjuguer : *oído*.

	INDICATIF		
	Présent	**Imparfait**	**Passé simple**
yo	**huelo**	olía	olí
tú	**hueles**	olías	oliste
él/ella/Vd.	**huele**	olía	olió
nosotros, -as	olemos	olíamos	olimos
vosotros, -as	oléis	olíais	olisteis
ellos/ellas/Vds.	**huelen**	olían	olieron
	Futur simple	**Conditionnel**	
yo	oleré	olería	
tú	olerás	olerías	
él/ella/Vd.	olerá	olería	
nosotros, -as	oleremos	oleríamos	
vosotros, -as	oleréis	oleríais	
ellos/ellas/Vds.	olerán	olerían	

	SUBJONCTIF			
	Présent	**Imparfait**		
yo	**huela**	oliera	*ou*	oliese
tú	**huelas**	olieras		olieses
él/ella/Vd.	**huela**	oliera		oliese
nosotros, -as	olamos	oliéramos		oliésemos
vosotros, -as	oláis	olierais		olieseis
ellos/ellas/Vds.	**huelan**	olieran		oliesen

IMPÉRATIF	**INFINITIF**
huele tú	oler
huela usted	**GÉRONDIF**
olamos nosotros, -as	
oled vosotros, -as	oliendo
huelan ustedes	**PARTICIPE PASSÉ**
	olido

Les temps composés se forment, à la voix active, avec l'auxiliaire *haber* (tableau 1) et le participe passé du verbe à conjuguer : *olido*.

INDICATIF

	Présent	Imparfait	Passé simple
yo	**pido**	pedía	pedí
tú	**pides**	pedías	pediste
él/ella/Vd.	**pide**	pedía	**pidió**
nosotros, -as	pedimos	pedíamos	pedimos
vosotros, -as	pedís	pedíais	pedisteis
ellos/ellas/Vds.	**piden**	pedían	**pidieron**

	Futur simple	Conditionnel
yo	pediré	pediría
tú	pedirás	pedirías
él/ella/Vd.	pedirá	pediría
nosotros, -as	pediremos	pediríamos
vosotros, -as	pediréis	pediríais
ellos/ellas/Vds.	pedirán	pedirían

SUBJONCTIF

	Présent	Imparfait	ou	
yo	**pida**	**pidiera**	ou	**pidiese**
tú	**pidas**	**pidieras**		**pidieses**
él/ella/Vd.	**pida**	**pidiera**		**pidiese**
nosotros, -as	**pidamos**	**pidiéramos**		**pidiésemos**
vosotros, -as	**pidáis**	**pidierais**		**pidieseis**
ellos/ellas/Vds.	**pidan**	**pidieran**		**pidiesen**

IMPÉRATIF

pide tú
pida usted
pidamos nosotros, -as
pedid vosotros, -as
pidan ustedes

INFINITIF

pedir

GÉRONDIF

pidiendo

PARTICIPE PASSÉ

pedido

Les temps composés se forment, à la voix active, avec l'auxiliaire *haber* (tableau 1) et le participe passé du verbe à conjuguer : *pedido.*

INDICATIF

	Présent	Imparfait	Passé simple
yo	**pienso**	pensaba	pensé
tú	**piensas**	pensabas	pensaste
él/ella/Vd.	**piensa**	pensaba	pensó
nosotros, -as	pensamos	pensábamos	pensamos
vosotros, -as	pensáis	pensabais	pensasteis
ellos/ellas/Vds.	**piensan**	pensaban	pensaron

	Futur simple	Conditionnel
yo	pensaré	pensaría
tú	pensarás	pensarías
él/ella/Vd.	pensará	pensaría
nosotros, -as	pensaremos	pensaríamos
vosotros, -as	pensaréis	pensaríais
ellos/ellas/Vds.	pensarán	pensarían

SUBJONCTIF

	Présent	Imparfait		
yo	**piense**	pensara	*ou*	pensase
tú	**pienses**	pensaras		pensases
él/ella/Vd.	**piense**	pensara		pensase
nosotros, -as	pensemos	pensáramos		pensásemos
vosotros, -as	penséis	pensarais		pensaseis
ellos/ellas/Vds.	**piensen**	pensaran		pensasen

IMPÉRATIF	INFINITIF
piensa tú	pensar

	GÉRONDIF
piense usted	
pensemos nosotros, -as	pensando
pensad vosotros, -as	

	PARTICIPE PASSÉ
piensen ustedes	pensado

Les temps composés se forment, à la voix active, avec l'auxiliaire *haber* (tableau 1) et le participe passé du verbe à conjuguer : *pensado.*

PERDER
Perdre

		INDICATIF		

		Présent	Imparfait	Passé simple
yo		**pierdo**	perdía	perdí
tú		**pierdes**	perdías	perdiste
él/ella/Vd.		**pierde**	perdía	perdió
nosotros, -as		perdemos	perdíamos	perdimos
vosotros, -as		perdéis	perdíais	perdisteis
ellos/ellas/Vds.		**pierden**	perdían	perdieron

		Futur simple	Conditionnel	
yo		perderé	perdería	
tú		perderás	perderías	
él/ella/Vd.		perderá	perdería	
nosotros, -as		perderemos	perderíamos	
vosotros, -as		perderéis	perderíais	
ellos/ellas/Vds.		perderán	perderían	

		SUBJONCTIF		

	Présent	Imparfait	ou	
yo	**pierda**	perdiera		perdiese
tú	**pierdas**	perdieras		perdieses
él/ella/Vd.	**pierda**	perdiera		perdiese
nosotros, -as	perdamos	perdiéramos		perdiésemos
vosotros, -as	perdáis	perdierais		perdieseis
ellos/ellas/Vds.	**pierdan**	perdieran		perdiesen

IMPÉRATIF	INFINITIF
pierde tú	perder
pierda usted	**GÉRONDIF**
perdamos nosotros, -as	
perded vosotros, -as	perdiendo
pierdan ustedes	**PARTICIPE PASSÉ**
	perdido

Les temps composés se forment, à la voix active, avec l'auxiliaire *haber* (tableau 1) et le participe passé du verbe à conjuguer : *perdido*.

PODER
Pouvoir
30

		INDICATIF		
		Présent	Imparfait	Passé simple
yo		**puedo**	podía	**pude**
tú		**puedes**	podías	**pudiste**
él/ella/Vd.		**puede**	podía	**pudo**
nosotros, -as		podemos	podíamos	**pudimos**
vosotros, -as		podéis	podíais	**pudisteis**
ellos/ellas/Vds.		**pueden**	podían	**pudieron**
		Futur simple	Conditionnel	
yo		**podré**	**podría**	
tú		**podrás**	**podrías**	
él/ella/Vd.		**podrá**	**podría**	
nosotros, -as		**podremos**	**podríamos**	
vosotros, -as		**podréis**	**podríais**	
ellos/ellas/Vds.		**podrán**	**podrían**	

		SUBJONCTIF		
		Présent	Imparfait	
yo		**pueda**	pudiera	*ou* pudiese
tú		**puedas**	pudieras	pudieses
él/ella/Vd.		**pueda**	pudiera	pudiese
nosotros, -as		podamos	**pudiéramos**	**pudiésemos**
vosotros, -as		podáis	**pudierais**	**pudieseis**
ellos/ellas/Vds.		**puedan**	pudieran	pudiesen

IMPÉRATIF	INFINITIF
	poder

IMPÉRATIF	GÉRONDIF
puede tú	
pueda usted	**pudiendo**
podamos nosotros, -as	
poded vosotros, -as	PARTICIPE PASSÉ
puedan ustedes	podido

Les temps composés se forment, à la voix active, avec l'auxiliaire *haber* (tableau 1) et le participe passé du verbe à conjuguer : *podido*.

PONER
Mettre

	INDICATIF		
	Présent	**Imparfait**	**Passé simple**
yo	**pongo**	ponía	**puse**
tú	pones	ponías	**pusiste**
él/ella/Vd.	pone	ponía	**puso**
nosotros, -as	ponemos	poníamos	**pusimos**
vosotros, -as	ponéis	poníais	**pusisteis**
ellos/ellas/Vds.	ponen	ponían	**pusieron**
	Futur simple	**Conditionnel**	
yo	**pondré**	**pondría**	
tú	**pondrás**	**pondrías**	
él/ella/Vd.	**pondrá**	**pondría**	
nosotros, -as	**pondremos**	**pondríamos**	
vosotros, -as	**pondréis**	**pondríais**	
ellos/ellas/Vds.	**pondrán**	**pondrían**	

	SUBJONCTIF		
	Présent	**Imparfait**	
yo	**ponga**	**pusiera** *ou*	**pusiese**
tú	**pongas**	**pusieras**	**pusieses**
él/ella/Vd.	**ponga**	**pusiera**	**pusiese**
nosotros, -as	**pongamos**	**pusiéramos**	**pusiésemos**
vosotros, -as	**pongáis**	**pusierais**	**pusieseis**
ellos/ellas/Vds.	**pongan**	**pusieran**	**pusiesen**

IMPÉRATIF	INFINITIF
pon tú	poner

ponga usted	**GÉRONDIF**
pongamos nosotros, -as	poniendo
poned vosotros, -as	
pongan ustedes	**PARTICIPE PASSÉ**
	puesto

Les temps composés se forment, à la voix active, avec l'auxiliaire **haber** (tableau 1) et le participe passé du verbe à conjuguer : *puesto*.

INDICATIF					
	Présent		Imparfait		Passé simple
yo	**quiero**		quería		**quise**
tú	**quieres**		querías		**quisiste**
él/ella/Vd.	**quiere**		quería		**quiso**
nosotros, -as	queremos		queríamos		**quisimos**
vosotros, -as	queréis		queríais		**quisisteis**
ellos/ellas/Vds.	**quieren**		querían		**quisieron**
	Futur simple		**Conditionnel**		
yo	**querré**		**querría**		
tú	**querrás**		**querrías**		
él/ella/Vd.	**querrá**		**querría**		
nosotros, -as	**querremos**		**querríamos**		
vosotros, -as	**querréis**		**querríais**		
ellos/ellas/Vds.	**querrán**		**querrían**		

SUBJONCTIF				
	Présent		Imparfait	
yo	**quiera**		**quisiera** *ou*	**quisiese**
tú	**quieras**		**quisieras**	**quisieses**
él/ella/Vd.	**quiera**		**quisiera**	**quisiese**
nosotros, -as	queramos		**quisiéramos**	**quisiésemos**
vosotros, -as	queráis		**quisierais**	**quisieseis**
ellos/ellas/Vds.	**quieran**		**quisieran**	**quisiesen**

IMPÉRATIF	INFINITIF
quiere tú	querer
quiera usted	**GÉRONDIF**
queramos nosotros, -as	
quered vosotros, -as	queriendo
quieran ustedes	**PARTICIPE PASSÉ**
	querido

Les temps composés se forment, à la voix active, avec l'auxiliaire *haber* (tableau 1) et le participe passé du verbe à conjuguer : *querido*.

INDICATIF

	Présent	Imparfait	Passé simple
yo	**río**	reía	reí
tú	**ríes**	reías	**reíste**
él/ella/Vd.	**ríe**	reía	**rió**
nosotros, -as	**reímos**	reíamos	**reímos**
vosotros, -as	reís	reíais	**reísteis**
ellos/ellas/Vds.	**ríen**	reían	rieron

	Futur simple	Conditionnel
yo	reiré	reiría
tú	reirás	reirías
él/ella/Vd.	reirá	reiría
nosotros, -as	reiremos	reiríamos
vosotros, -as	reiréis	reiríais
ellos/ellas/Vds.	reirán	reirían

SUBJONCTIF

	Présent	Imparfait	ou	
yo	**ría**	**riera**	ou	**riese**
tú	**rías**	**rieras**		**rieses**
él/ella/Vd.	**ría**	**riera**		**riese**
nosotros, -as	**riamos**	**riéramos**		**riésemos**
vosotros, -as	**riáis**	**rierais**		**rieseis**
ellos/ellas/Vds.	**rían**	**rieran**		**riesen**

IMPÉRATIF

ríe tú
ría usted
riamos nosotros, -as
reíd vosotros, -as
rían ustedes

INFINITIF

reír

GÉRONDIF

riendo

PARTICIPE PASSÉ

reído

Les temps composés se forment, à la voix active, avec l'auxiliaire *haber* (tableau 1) et le participe passé du verbe à conjuguer : *reído*.

INDICATIF

	Présent	Imparfait	Passé simple
yo	**sé**	sabía	**supe**
tú	sabes	sabías	**supiste**
él/ella/Vd.	sabe	sabía	**supo**
nosotros, -as	sabemos	sabíamos	**supimos**
vosotros, -as	sabéis	sabíais	**supisteis**
ellos/ellas/Vds.	saben	sabían	**supieron**

	Futur simple	Conditionnel
yo	**sabré**	**sabría**
tú	**sabrás**	**sabrías**
él/ella/Vd.	**sabrá**	**sabría**
nosotros, -as	**sabremos**	**sabríamos**
vosotros, -as	**sabréis**	**sabríais**
ellos/ellas/Vds.	**sabrán**	**sabrían**

SUBJONCTIF

	Présent	Imparfait		
yo	**sepa**	**supiera**	*ou*	**supiese**
tú	**sepas**	**supieras**		**supieses**
él/ella/Vd.	**sepa**	**supiera**		**supiese**
nosotros, -as	**sepamos**	**supiéramos**		**supiésemos**
vosotros, -as	**sepáis**	**supierais**		**supieseis**
ellos/ellas/Vds.	**sepan**	**supieran**		**supiesen**

IMPÉRATIF	INFINITIF
sabe tú	saber
sepa usted	**GÉRONDIF**
sepamos nosotros, -as	
sabed vosotros, -as	sabiendo
sepan ustedes	**PARTICIPE PASSÉ**
	sabido

Les temps composés se forment, à la voix active, avec l'auxiliaire *haber* (tableau 1) et le participe passé du verbe à conjuguer : *sabido*.

SALIR
Sortir

INDICATIF			

	Présent	Imparfait	Passé simple
yo	**salgo**	salía	salí
tú	sales	salías	saliste
él/ella/Vd.	sale	salía	salió
nosotros, -as	salimos	salíamos	salimos
vosotros, -as	salís	salíais	salisteis
ellos/ellas/Vds.	salen	salían	salieron

	Futur simple	Conditionnel
yo	**saldré**	**saldría**
tú	**saldrás**	**saldrías**
él/ella/Vd.	**saldrá**	**saldría**
nosotros, -as	**saldremos**	**saldríamos**
vosotros, -as	**saldréis**	**saldríais**
ellos/ellas/Vds.	**saldrán**	**saldrían**

SUBJONCTIF			

	Présent	Imparfait		
yo	**salga**	saliera	*ou*	saliese
tú	**salgas**	salieras		salieses
él/ella/Vd.	**salga**	saliera		saliese
nosotros, -as	**salgamos**	saliéramos		saliésemos
vosotros, -as	**salgáis**	salierais		salieseis
ellos/ellas/Vds.	**salgan**	salieran		saliesen

IMPÉRATIF	INFINITIF
sal tú	salir

IMPÉRATIF	
salga usted	
salgamos nosotros, -as	
salid vosotros, -as	
salgan ustedes	

GÉRONDIF

saliendo

PARTICIPE PASSÉ

salido

Les temps composés se forment, à la voix active, avec l'auxiliaire *haber* (tableau 1) et le participe passé du verbe à conjuguer : *salido*.

INDICATIF

	Présent	Imparfait	Passé simple
yo	**siento**	sentía	sentí
tú	**sientes**	sentías	sentiste
él/ella/Vd.	**siente**	sentía	**sintió**
nosotros, -as	sentimos	sentíamos	sentimos
vosotros, -as	sentís	sentíais	sentisteis
ellos/ellas/Vds.	**sienten**	sentían	**sintieron**

	Futur simple	Conditionnel
yo	sentiré	sentiría
tú	sentirás	sentirías
él/ella/Vd.	sentirá	sentiría
nosotros, -as	sentiremos	sentiríamos
vosotros, -as	sentiréis	sentiríais
ellos/ellas/Vds.	sentirán	sentirían

SUBJONCTIF

	Présent	Imparfait		
yo	**sienta**	**sintiera**	ou	**sintiese**
tú	**sientas**	**sintieras**		**sintieses**
él/ella/Vd.	**sienta**	**sintiera**		**sintiese**
nosotros, -as	**sintamos**	**sintiéramos**		**sintiésemos**
vosotros, -as	**sintáis**	**sintierais**		**sintieseis**
ellos/ellas/Vds.	**sientan**	**sintieran**		**sintiesen**

IMPÉRATIF

siente tú
sienta usted
sintamos nosotros, -as
sentid vosotros, -as
sientan ustedes

INFINITIF

sentir

GÉRONDIF

sintiendo

PARTICIPE PASSÉ

sentido

Les temps composés se forment, à la voix active, avec l'auxiliaire *haber* (tableau 1) et le participe passé du verbe à conjuguer : *sentido*.

INDICATIF			
	Présent	**Imparfait**	**Passé simple**
yo	**soy**	era	fui
tú	**eres**	eras	fuiste
él/ella/Vd.	**es**	era	fue
nosotros, -as	**somos**	éramos	fuimos
vosotros, -as	**sois**	erais	fuisteis
ellos/ellas/Vds.	**son**	eran	fueron
	Futur simple	**Conditionnel**	
yo	seré	sería	
tú	serás	serías	
él/ella/Vd.	será	sería	
nosotros, -as	seremos	seríamos	
vosotros, -as	seréis	seríais	
ellos/ellas/Vds.	serán	serían	

SUBJONCTIF				
	Présent	**Imparfait**		
yo	**sea**	fuera	*ou*	fuese
tú	**seas**	fueras		fueses
él/ella/Vd.	**sea**	fuera		fuese
nosotros, -as	**seamos**	fuéramos		fuésemos
vosotros, -as	**seáis**	fuerais		fueseis
ellos/ellas/Vds.	**sean**	fueran		fuesen

IMPÉRATIF	INFINITIF
sé tú	ser
sea usted	**GÉRONDIF**
seamos nosotros, -as	
sed vosotros, -as	siendo
sean ustedes	**PARTICIPE PASSÉ**
	sido

Les temps composés se forment, à la voix active, avec l'auxiliaire *haber* (tableau 1) et le participe passé du verbe à conjuguer : *sido*.

INDICATIF

	Présent	Imparfait	Passé simple
yo	tengo	tenía	tuve
tú	tienes	tenías	tuviste
él/ella/Vd.	tiene	tenía	tuvo
nosotros, -as	tenemos	teníamos	tuvimos
vosotros, -as	tenéis	teníais	tuvisteis
ellos/ellas/Vds.	tienen	tenían	tuvieron

	Futur simple	Conditionnel
yo	tendré	tendría
tú	tendrás	tendrías
él/ella/Vd.	tendrá	tendría
nosotros, -as	tendremos	tendríamos
vosotros, -as	tendréis	tendríais
ellos/ellas/Vds.	tendrán	tendrían

SUBJONCTIF

	Présent	Imparfait		
yo	tenga	tuviera	ou	tuviese
tú	tengas	tuvieras		tuvieses
él/ella/Vd.	tenga	tuviera		tuviese
nosotros, -as	tengamos	tuviéramos		tuviésemos
vosotros, -as	tengáis	tuvierais		tuvieseis
ellos/ellas/Vds.	tengan	tuvieran		tuviesen

IMPÉRATIF

ten tú
tenga usted
tengamos nosotros, -as
tened vosotros, -as
tengan ustedes

INFINITIF

tener

GÉRONDIF

teniendo

PARTICIPE PASSÉ

tenido

Les temps composés se forment, à la voix active, avec l'auxiliaire *haber* (tableau 1) et le participe passé du verbe à conjuguer : *tenido*.

INDICATIF			
	Présent	**Imparfait**	**Passé simple**
yo	**traduzco**	traducía	**traduje**
tú	traduces	traducías	**tradujiste**
él/ella/Vd.	traduce	traducía	**tradujo**
nosotros, -as	traducimos	traducíamos	**tradujimos**
vosotros, -as	traducís	traducíais	**tradujisteis**
ellos/ellas/Vds.	traducen	traducían	**tradujeron**
	Futur simple	**Conditionnel**	
yo	traduciré	traduciría	
tú	traducirás	traducirías	
él/ella/Vd.	traducirá	traduciría	
nosotros, -as	traduciremos	traduciríamos	
vosotros, -as	traduciréis	traduciríais	
ellos/ellas/Vds.	traducirán	traducirían	

SUBJONCTIF			
	Présent	**Imparfait**	
yo	**traduzca**	**tradujera** *ou*	**tradujese**
tú	**traduzcas**	**tradujeras**	**tradujeses**
él/ella/Vd.	**traduzca**	**tradujera**	**tradujese**
nosotros, -as	**traduzcamos**	**tradujéramos**	**tradujésemos**
vosotros, -as	**traduzcáis**	**tradujerais**	**tradujeseis**
ellos/ellas/Vds.	**traduzcan**	**tradujeran**	**tradujesen**

IMPÉRATIF	INFINITIF
traduce tú	traducir
traduzca usted	**GÉRONDIF**
traduzcamos nosotros, -as	
traducid vosotros, -as	traduciendo
traduzcan ustedes	**PARTICIPE PASSÉ**
	traducido

Les temps composés se forment, à la voix active, avec l'auxiliaire *haber* (tableau 1) et le participe passé du verbe à conjuguer : *traducido*.

	INDICATIF		
	Présent	**Imparfait**	**Passé simple**
yo	**traigo**	traía	**traje**
tú	traes	traías	**trajiste**
él/ella/Vd.	trae	traía	**trajo**
nosotros, -as	traemos	traíamos	**trajimos**
vosotros, -as	traéis	traíais	**trajisteis**
ellos/ellas/Vds.	traen	traían	**trajeron**
	Futur simple	**Conditionnel**	
yo	traeré	traería	
tú	traerás	traerías	
él/ella/Vd.	traerá	traería	
nosotros, -as	traeremos	traeríamos	
vosotros, -as	traeréis	traeríais	
ellos/ellas/Vds.	traerán	traerían	

	SUBJONCTIF			
	Présent	**Imparfait**	ou	
yo	**traiga**	**trajera**		**trajese**
tú	**traigas**	**trajeras**		**trajeses**
él/ella/Vd.	**traiga**	**trajera**		**trajese**
nosotros, -as	**traigamos**	**trajéramos**		**trajésemos**
vosotros, -as	**traigáis**	**trajerais**		**trajeseis**
ellos/ellas/Vds.	**traigan**	**trajeran**		**trajesen**

IMPÉRATIF	INFINITIF
	traer
trae tú	**GÉRONDIF**
traiga usted	
traigamos nosotros, -as	**trayendo**
traed vosotros, -as	**PARTICIPE PASSÉ**
traigan ustedes	
	traído

Les temps composés se forment, à la voix active, avec l'auxiliaire *haber* (tableau 1) et le participe passé du verbe à conjuguer : *traído*.

177

VALER
Valoir

	INDICATIF		
	Présent	Imparfait	Passé simple
yo	**valgo**	valía	valí
tú	vales	valías	valiste
él/ella/Vd.	vale	valía	valió
nosotros, -as	valemos	valíamos	valimos
vosotros, -as	valéis	valíais	valisteis
ellos/ellas/Vds.	valen	valían	valieron
	Futur simple	**Conditionnel**	
yo	**valdré**	**valdría**	
tú	**valdrás**	**valdrías**	
él/ella/Vd.	**valdrá**	**valdría**	
nosotros, -as	**valdremos**	**valdríamos**	
vosotros, -as	**valdréis**	**valdríais**	
ellos/ellas/Vds.	**valdrán**	**valdrían**	

	SUBJONCTIF		
	Présent	Imparfait	
yo	**valga**	valiera	*ou* valiese
tú	**valgas**	valieras	valieses
él/ella/Vd.	**valga**	valiera	valiese
nosotros, -as	**valgamos**	valiéramos	valiésemos
vosotros, -as	**valgáis**	valierais	valieseis
ellos/ellas/Vds.	**valgan**	valieran	valiesen

IMPÉRATIF	INFINITIF
	valer

IMPÉRATIF	GÉRONDIF
vale tú	
valga usted	valiendo
valgamos nosotros, -as	
valed vosotros, -as	PARTICIPE PASSÉ
valgan ustedes	valido

Les temps composés se forment, à la voix active, avec l'auxiliaire *haber* (tableau 1) et le participe passé du verbe à conjuguer : *valido*.

INDICATIF

	Présent	Imparfait	Passé simple
yo	**vengo**	venía	**vine**
tú	**vienes**	venías	**viniste**
él/ella/Vd.	**viene**	venía	**vino**
nosotros, -as	venimos	veníamos	**vinimos**
vosotros, -as	venís	veníais	**vinisteis**
ellos/ellas/Vds.	**vienen**	venían	**vinieron**

	Futur simple	Conditionnel
yo	**vendré**	**vendría**
tú	**vendrás**	**vendrías**
él/ella/Vd.	**vendrá**	**vendría**
nosotros, -as	**vendremos**	**vendríamos**
vosotros, -as	**vendréis**	**vendríais**
ellos/ellas/Vds.	**vendrán**	**vendrían**

SUBJONCTIF

	Présent	Imparfait		
yo	**venga**	**viniera**	*ou*	**viniese**
tú	**vengas**	**vinieras**		**vinieses**
él/ella/Vd.	**venga**	**viniera**		**viniese**
nosotros, -as	**vengamos**	**viniéramos**		**viniésemos**
vosotros, -as	**vengáis**	**vinierais**		**vinieseis**
ellos/ellas/Vds.	**vengan**	**vinieran**		**viniesen**

IMPÉRATIF

ven tú
venga usted
vengamos nosotros, -as
venid vosotros, -as
vengan ustedes

INFINITIF

venir

GÉRONDIF

viniendo

PARTICIPE PASSÉ

venido

Les temps composés se forment, à la voix active, avec l'auxiliaire *haber* (tableau 1) et le participe passé du verbe à conjuguer : *venido*.

INDICATIF

	Présent	Imparfait	Passé simple
yo	**veo**	**veía**	**vi**
tú	ves	**veías**	viste
él/ella/Vd.	ve	**veía**	**vio**
nosotros, -as	vemos	**veíamos**	vimos
vosotros, -as	**veis**	**veíais**	visteis
ellos/ellas/Vds.	ven	**veían**	vieron

	Futur simple	Conditionnel
yo	veré	vería
tú	verás	verías
él/ella/Vd.	verá	vería
nosotros, -as	veremos	veríamos
vosotros, -as	veréis	veríais
ellos/ellas/Vds.	verán	verían

SUBJONCTIF

	Présent	Imparfait		
yo	**vea**	viera	*ou*	viese
tú	**veas**	vieras		vieses
él/ella/Vd.	**vea**	viera		viese
nosotros, -as	**veamos**	viéramos		viésemos
vosotros, -as	**veáis**	vierais		vieseis
ellos/ellas/Vds.	**vean**	vieran		viesen

IMPÉRATIF

ve tú
vea usted
veamos nosotros, -as
ved vosotros, -as
vean ustedes

INFINITIF

ver

GÉRONDIF

viendo

PARTICIPE PASSÉ

visto

Les temps composés se forment, à la voix active, avec l'auxiliaire *haber* (tableau 1) et le participe passé du verbe à conjuguer : *visto*.

VERBES IRRÉGULIERS

Abastecer	approvisionner	24
Aborrecer	détester	24
Absolver[1]	pardonner	22
Abstenerse	s'abstenir	38
Abstraer	abstraire	40
Acaecer	arriver	24
Acertar	atteindre	28
Acontecer	avoir lieu	24
Acordar	se mettre d'accord	11
Acostar	coucher	11
Adherir	coller, fixer	36
Adolecer	souffrir de	24
Adormecer	endormir	24
Adquirir	acquérir	5
Aducir	alléguer	39
Advertir	remarquer, signaler	36
Afluir	affluer	9
Agradecer	remercier	24
Alentar	encourager	28
Almorzar	déjeuner	11
Amanecer	faire jour	24
Andar	marcher	6
Anochecer	commencer à faire nuit	24
Anteponer	mettre devant	31
Aparecer	apparaître	24
Apetecer	désirer, avoir envie	24
Apostar	parier	11
Apretar	serrer, presser	28
Aprobar	réussir un examen	11
Arrendar	louer	28
Arrepentirse	se repentir	36
Ascender	monter, s'élever	29
Asentar	asseoir, établir	28
Asentir	acquiescer	36
Aserrar	scier	28
Asestar	braquer, assener	28
Atardecer	tomber (le jour)	24
Atender	s'occuper de	29
Atenerse	s'en tenir à	38
Atraer	attirer	40
Atravesar	traverser	28
Atribuir	attribuer	9
Avenir	se mettre d'accord	42
Avergonzar	faire honte	11
Bendecir[2]	bénir	13
Caber	tenir (dans), entrer	7
Caer	tomber	8
Calentar	chauffer	28
Carecer	manquer	24
Cegar	aveugler	28
Ceñir	se borner	27
Cerrar	fermer, conclure	28
Cocer	cuire	22
Colar	passer, filtrer	11
Colgar	pendre, suspendre	11
Comenzar	commencer	28
Compadecer	compatir, plaindre	24
Comparecer	comparaître	24
Competir	concourir, rivaliser	27
Complacer	plaire, réjouir	23
Componer	composer	31
Comprobar	vérifier	11
Concebir	concevoir	27
Concernir	concerner	14
Concertar	concerter, négocier	28
Concluir	conclure	9
Concordar	accorder, concilier	11
Condescender	condescendre	29
Conducir	conduire	39
Conferir	attribuer	36
Confesar	avouer	28
Confluir	confluer	9
Conmover	émouvoir, ébranler	22
Conocer	connaître	10

---

1. Le participe passé est *absuelto*.
2. Il se conjugue comme *decir* sauf au futur, conditionnel et participe qui sont des temps réguliers.
L'impératif se termine en -*dice*, -*diga*, etc.

VERBES IRRÉGULIERS

---

1. L'impératif est *contradice*, etc.
2. Le participe passé est *desenvuelto*.
3. Ce verbe introduit un -*h* devant la diphtongaison *ue*.
4. Le participe passé est *devuelto*.
5. Le participe passé est *disuelto*.

VERBES IRRÉGULIERS

Divertir	divertir, amuser	36
Doler	avoir mal	22
Dormir	dormir	15
Elegir	choisir	27
Embellecer	embellir	24
Embestir	attaquer	27
Embrutecer	abrutir	24
Empedrar	empierrer	28
Empequeñecer	rapetisser	24
Empezar	commencer	28
Empobrecer	appauvrir	24
Enaltecer	exalter	24
Enardecer	exciter	24
Encarecer	faire monter le prix	24
Encender	allumer	29
Encerrar	enfermer	28
Encomendar	confier	28
Encontrar	trouver	11
Endurecer	durcir	24
Enflaquecer	maigrir	24
Enfurecer	rendre furieux	24
Engrandecer	agrandir	24
Enloquecer	rendre fou	24
Enmendar	corriger	28
Ennoblecer	anoblir	24
Enorgullecer	enorgueillir	24
Enriquecer	enrichir	24
Enrojecer	rougir	24
Enronquecer	enrouer	24
Ensangrentar	ensanglanter	28
Ensombrecer	assombrir	24
Ensordecer	assourdir	24
Entender	comprendre	29
Enternecer	attendrir	24
Enterrar	enterrer	28
Entorpecer	engourdir, gêner	24
Entretener	distraire, entretenir	38
Entrever	entrevoir	43
Entristecer	attrister	24
Envejecer	vieillir	24
Envolver[1]	envelopper	22
Equivaler	être égal à	41
Erguir[2]	dresser	36/27
Errar[3]	errer	28
Escarmentar	corriger	28
Escarnecer	railler	24
Esclarecer	se lever (le jour)	24
Escocer	brûler	22
Esforzar	s'efforcer de	11
Establecer	établir	24
Estar	être	16
Estremecer	tressaillir	24
Estreñir	constiper	27
Excluir	exclure	9
Expedir	expédier	27
Exponer	exposer	31
Extender	étendre	29
Extraer	extraire	40
Fallecer	décéder	24
Favorecer	favoriser	24
Florecer	fleurir	24
Fluir	couler	9
Fortalecer	fortifier	24
Forzar	forcer	11
Fregar	faire la vaisselle	28
Freír	frire	33
Gemir	gémir	27
Gobernar	gouverner	28
Guarecer	abriter	24
Guarnecer	garnir	24
Haber	avoir, être	1
Hacer	faire	17
Helar	geler	28
Herir	blesser	36
Hervir	bouillir	36
Huir	fuir	9

1. Le participe passé est *envuelto*.
2. Il peut se conjuguer comme *pedir* ou comme *sentir*.
3. Il se conjugue comme *pensar* avec la diphtongaison en *ye*.

VERBES IRRÉGULIERS

Humedecer	humidifier	24
Imbuir	inculquer	9
Impedir	empêcher	27
Imponer	imposer	31
Incensar	encenser	28
Incluir	inclure	9
Indisponer	indisposer	31
Inducir	induire	39
Inferir	causer	36
Influir	influer	9
Ingerir	ingérer	36
Injerir	introduire	36
Inquirir	s'informer de	5
Instituir	instituer	9
Instruir	instruire	9
Interferir	interférer	36
Interponer	interposer	31
Intervenir	intervenir	42
Introducir	introduire	39
Intuir	pressentir	9
Invertir	inverser	36
Investir	investir	27
Ir	aller	18
Jugar	jouer	19
Languidecer	languir	24
Leer	lire	20
Lucir	luire, briller	21
Llover	pleuvoir	22
Maldecir[1]	maudire	13
Malherir	blesser grièvement	36
Maltraer	malmener	40
Manifestar	déclarer	28
Mantener	entretenir	38
Medir	mesurer	27
Mentar	mentionner, nommer	28
Mentir	mentir	36
Merecer	mériter	24
Merendar	prendre le goûter	28
Moler	moudre, éreinter	22
Morder	mordre	22
Morir[2]	mourir	15
Mostrar	montrer	11
Mover	bouger	22
Nacer	naître	23
Negar	refuser	28
Nevar	neiger	28
Obedecer	obéir	24
Obstruir	obstruer	9
Obtener	obtenir	38
Ofrecer	offrir	24
Oír	entendre, écouter	25
Oler	sentir (une odeur)	26
Oponer	opposer	31
Oscurecer	obscurcir	24
Pacer	paître	23
Padecer	être atteint	24
Palidecer	pâlir	24
Parecer	sembler	24
Pedir	demander	27
Pensar	penser	28
Perder	perdre	29
Perecer	périr	24
Permanecer	demeurer	24
Perseguir	poursuivre	27
Pertenecer	appartenir	24
Pervertir	pervertir	36
Placer	plaire	23
Plegar	plier, plisser	28
Poblar	peupler	11
Poder	pouvoir	30
Poner	mettre	31
Poseer	posséder	20
Posponer	subordonner	31
Predisponer	prédisposer	31
Preferir	préférer	36
Presentir	pressentir	36

1. Il se conjugue comme *decir*, sauf au futur, conditionnel et participe qui sont des temps réguliers. L'impératif se termine en *-dice, diga*, etc.
2. Le participe passé est *muerto*.

VERBES IRRÉGULIERS

1. Le participe passé est *resuelto*.
2. Le participe passé est *revuelto*.

VERBES IRRÉGULIERS

Remarque

Certains verbes n'ont pour seule irrégularité que leur participe passé : *abrir* (et ses composés), *abierto* ; *escribir* (et ses composés), *escrito* ; *pudrir, pudrido* ; *romper, roto*.

---

1. C'est un verbe défectif. Il s'utilise uniquement aux présents de l'indicatif et du subjonctif, à l'imparfait, au passé simple, au passé composé et au subjonctif imparfait.
2. Le participe passé est *vuelto*.

INDEX DES MOTS-CLÉS

Les numéros en face des mots-clés renvoient aux pages.

187

INDEX DES MOTS-CLÉS